임진왜란과 병자호란, 조선은 왜?

임진왜란과 병자호란 조선은 왜?

이광희·손주현 지음 | 박정제 그림

푸른숲주니어

프롤로그　조선은 왜 두 번이나 큰 전쟁을 겪었을까? · 8

일본은 왜, 청나라는 어째서 조선을 침략했나?

임진왜란과 병자호란 사이에서 · 14

16세기 동아시아 국제 관계

남쪽에서 불어오는 심상치 않은 바람 · 22

조선 통신사의 엇갈린 보고 | 에이, 설마 섬나라 왜구들이? | 임진왜란이 일어나게 된 결정적인 이유

말파봇의 정보 대방출

더 넓은 시각으로 임진왜란 바라보기 · 30
유럽, 대양으로 진출하다 · 34

파죽지세 일본군, 속수무책 조선군 · 36

부산진성에 이어 동래성도 함락되다 | 충주 탄금대에서 전사한 신립 장군
한양을 떠나는 선조와 대신들

조선의 반격, 도요토미가 몰랐던 세 가지 · 43

하나, 이순신. 모든 게 이순신 때문이야 | 둘, 의병. 도대체 소속이 어디야?
셋, 명나라. 니들은 뭔데 남의 싸움에 나서고 그래?

정유재란과 칠 년 전쟁의 종결 · 49

전반전과 후반전, 1 대 1 상황 | 풍전등화라는 말로도 부족한 위기 상황
칠 년 전쟁에 마침표를 찍은 노량 해전

임진왜란 슈퍼스타 선발전 · 56

임진왜란 최고의 슈퍼스타 장수는?

조선군 비밀 병기 사용 설명서 · 65

돌격! 바다 위의 탱크, 거북선 | 다연발 로켓 화살, 신기전 | 휴대용 개인 소총, 승자총통
우레 소리를 내며 터지는 시한폭탄, 비격진천뢰

의병장 김덕령은 왜 처형되었나? · 72

형과 함께 의병을 일으키다 | 당장 김덕령을 체포하라! | 상은 못 줄망정 억울한 죽음이라니!

말파봇의 정보 대방출

자기 지역 방어냐, 모두 모여 공격이냐! · 78
전쟁을 좌우하는 주연급 조연, 무기 · 82

임진왜란 후 오고 간 것들 · 84

조선과 일본의 문화 전파 | 일본으로 건너간 것 세 가지 | 조선으로 건너온 것 세 가지
전쟁이 끝난 후 지워진 것

꼬리에 꼬리를 무는 사건들 · 91

광해군, 임금 자리에 오르다 | 명나라가 군사를 요청하다 | 명나라와 후금 사이에서 요리조리
중립 외교를 구실로 인조반정이? | 명나라는 떠받들고 후금은 멀리하고
친명배금이 전쟁을 불러오다

정묘년, 후금이 압록강을 건너다 · 98

인조, 강화도로 피난 가다 | 외롭고 힘든 싸움을 벌이는 조선군 | 후금과 조선, 형제의 관계를 맺다

십 년 만에 다시 터진 전쟁 · 106

남한산성 1일째 | 남한산성 10일째 | 남한산성 20일째 | 남한산성 30일째 | 남한산성 36일째
남한산성 42일째 | 남한산성 44일째

말찌봇의 정보 대방출

'계란으로 바위 치기'에 도전하다 · 114
스스로 일어난 이름 없는 군대, 의병 · 118

치욕의 삼전도 · 120

세 번 절을 하고 아홉 번 머리를 조아리다 | 굴욕적인 조약을 체결하다 | 억지로 웃고 행사를 끝내다

끌려간 사람들, 돌아온 사람들 · 127

민폐덩어리, 좌의정 이성구의 아들 | 억울하게 이혼당한 장유의 며느리
삼십팔 년 만에 탈출한 포로 안단

숫자로 보는 소현 세자 죽음의 미스터리 · 135

평생 전쟁터에서 늙은 조선 사람 김영철 · 144

임진왜란 때 태어나다 | 후금의 노예가 되다 | 고향에 돌아오다 | 다시 고향에 돌아왔건만

알파봇의 정보 대방출

조선과 청, 일본에는 무슨 일이 있었나? · 152
전쟁으로 오가는 게 있다고? · 156

풍속화로 보는 전후 조선의 변화 · 158

신분 구분이 느슨해진 조선 | 농업 기술의 발달로 넉넉해진 농촌 | 물자가 돌고 실생활에 눈을 뜨다

전쟁의 책임자, 선조와 인조 청문회 · 166

전쟁 대비를 왜 안 했나? | 선조와 인조, 피난 가는 데는 선수
질투의 화신, 선조 | 의심의 아이콘, 인조

에필로그 역사를 잊은 조선에 전쟁이 또 찾아왔다 · 176

조선은 왜 두 번이나 큰 전쟁을 겪었을까?

애들아, 안녕! 만나서 반가워. 너희의 역사 궁금증을 명쾌하게 해결해 주는 반짝반짝 역사 연구소의 명쾌한 박사야. 그런데 말이야, 너희에게 먼저 양해를 구할 게 한 가지 있어.

내 조수 알지? 인공 지능 역사 로봇인 알파봇 말이야. 오늘 알파봇이랑 작은 전쟁을 벌였어. 역사 자료가 급하게 필요해서 알파봇 녀석을 불렀는데, 바둑을 두는 데 정신이 팔려서 대답도 안 하지 뭐야? 그래서 충전을 안 해 줄 거라고 엄포를 놓았더니 발끈하더라고.

자기가 바둑을 두면 얼마나 둔다고 툭하면 충전 안 해 준다, 전원을 내려 버린다, 그러는 게 너무 치사하다나? 그러고선 오늘부터 태업을 할 거래. 태업이 뭐냐고? 노동자들이 자신의 뜻을 이루기 위해 느슨하게 일하는 걸 말해.

문득 내가 너무했나 싶더라고. 그래서 바로 사과하려고 했지. 그런데 곰곰이 생각해 보니까 자기가 반짝반짝 역사 연구소의 주인공이라고 나댈 땐 언제고 독자들한테까지 피해를 주나 싶더라고. 그래서 나도 어디 한번 할 테면 해 보라고 버티는 중이야.

어휴, 그 바람에 오늘은 나 혼자서 북 치고 장구 치고 다 해야 할 거 같아. 까짓것, 언제는 혼자 안 했나, 뭐? 괜찮아. 자, 그럼 오늘은 어떤 사연이 왔는지 메일을 열어 볼까?

☆　제목 : 조선은 왜 임진왜란에 병자호란까지 연달아 쌍코피가 터졌나요?

▲　보낸사람 : 가상이

　　받는사람 : 멍 박사님

안녕하세요, 멍 박사님. (누구냐, 넌?)

저는 설상 중학교에 다니는 가상이라고 하는데요. (어째 애들 이름이 갈수록 더 이상해지는 것 같군.)

지난번에 해 주신 박사님의 해설 잘 들었어요. 신분 제도, 과거 제도, 조선 건국 전부 다요. (얘는 또 쑥스럽게 그런 말을.)

근데 해설을 듣고 한 가지 궁금한 게 생겼어요. 조선은 오백 년 동안 양반들이 머리가 되어 나라를 잘 이끌었다고 하셨잖아요? (그래, 그랬지. 일개미 상민, 양반의 손발인 노비와 함께 말이야.)

또 세종과 정조같이 훌륭한 왕도 있었고요. 게다가 엄청난 경쟁률을 뚫고 과거 시험에 급제한 똑똑한 관리들이 나랏일을 보았다면서 왜 다른 나라의 침략을 당한 거예요? 그것도 칠 년씩이나? 게다가 드라마를 보니 그때 한 번만 당한 게 아니더라고요?

임진왜란이 끝나고 얼마 지나지 않아 북쪽에서 내려온 적에게 또 당했더라고요. 완전 난리 난리 개난리가 난 모양이던데요. (맞아. 레프트 훅, 라이트 어퍼컷.)

도대체 조선은 왜 연이어 쌍코피가 터진 거죠? 궁금하고 답답해서 미칠 거 같아요. (나도 답답하다, 그래.)

이번에도 박사님만 믿겠습니다! (하아, 진짜 난감.)

일본은 왜, 청나라는 어째서 조선을 침략했나?

쌍코피에, 개난리에……, 요즘 친구들 표현이 참 귀에 쏙쏙 박히는 구먼. 아무튼 질문의 요지는 조선이 왜 연달아 임진왜란과 병자호란을 겪게 됐느냐, 이거지? 음, 아주 좋은 질문이야. 조선의 역사를 이야기할 때 빼놔서는 안 되는 아주아주 중요한 주제니까.

조선은 왜 일본과 청나라로부터 연달아 침입을 당했느냐, 반대로 일본과 청나라는 왜 조선을 침략했느냐? 그야 뭐, 일본과 청나라가 조선과 전쟁을 하고 싶었으니까 쳐들어왔겠지.

이렇게 대답하면 엄청난 양의 댓글이 달리겠지? 무슨 박사가 이러냐고 말이지. 그래서 내가 두 전쟁에 대해 깊이 있게 알려 주려고 해. 그럼 가상이 질문에 어떻게 답하는 게 좋을지 생각해 볼까?

첫째, 조선은 왜 일본에게 침략을 당했나?
둘째, 조선은 일본군을 어떻게 물리쳤나?
셋째, 임진왜란 뒤 조선은 왜 청나라에게 침입을 당했나?
넷째, 두 번의 전쟁이 끝난 뒤 조선의 모습은 어떻게 변했나?

첫째, 둘째 하니까 좀 딱딱해 보이니? 걱정할 거 없어. 내 특유의 비유와 상징으로 너희의 궁금증을 초토화시켜 줄게. 거기다 현재와 과거를 자유롭게 넘나드는 알파봇의 종횡무진 활약도 있지! 아, 참! 알파봇 녀석 태업 중이지? 쩝!

건국 후 이백 년 동안 평화를 누리던 조선은 1592년에 일본에게 침략을 당했어. 이 전쟁을 임진왜란이라고 해. 전쟁이 발발하고 나서 일년 뒤, 휴전 협상이 시작되었는데……. 그만 흐지부지되는 바람에 몇년 뒤 일본이 다시 조선을 침입하지. 이를 정유재란이라고 불러. 보통임진왜란과 정유재란을 한데 묶어서 임진왜란이라고 해. 두 전쟁이무려 칠 년 동안 이어져서 칠 년 전쟁이라고도 하지.

그런데 이게 끝이 아니야. 임진왜란이 끝난 지 삼십여 년 뒤, 한반도 북쪽 만주 지역에 살던 여진족이 세운 후금(훗날 청나라가 돼.)이 조선을 침입해. 이걸 정묘호란이라고 부르는데, 정묘호란이 끝나고 십년 뒤 조선은 또다시 병자호란을 맞이하게 되지.

아이고! 숨차다, 숨차. 그저 나열만 해도 숨이 찰 정도로 어쩌다 이렇게 연속해서 전쟁이 일어난 걸까? 조선은 대체 왜 일본에 이어 여진족에게 연달아 레프트 훅, 라이트 어퍼컷을 맞았을까?

자, 그럼 이제부터 본격적으로 화약 연기가 앞을 가리는 전쟁의 소용돌이 한복판으로 들어가 보자고. 아, 잠깐! 그전에 임진왜란과 병자호란이 일어난 시기를 비롯해서 당시 역사의 흐름부터 쫙 꿰어 보도록 하자.

임진왜란과 병자호란 사이에서

임진왜란과 병자호란이 연이어 일어났을 즈음, 조선과 명나라, 일본에서는 어떤 일이 벌어졌는지 알아볼까?

건국 후 이백여 년 동안 전쟁을 치르지 않았던 조선, 그리고 임진왜란 바로 전까지 백 년 넘게 죽자 살자 전쟁을 이어 오던 일본. 어때, 느낌이 와? 전쟁에 이골이 난 일본에게 침략을 당했으니 초반에는 조선이 고전을 면치 못한 거야. 이때 명나라에서 조선을 돕기 위해 대군을 파견해. 그 바람에 명나라가 힘이 약해지자, 만주에 살던 여진족(후금)이 세력을 키워 청나라를 세우고 만리장성을 넘어 중국 대륙을 접수하는 시나리오가 펼쳐지게 되지. 그 당시 삼국의 국제 관계 간단

정리 완료!

이제 임진왜란과 병자호란을 거치면서 어떤 일이 벌어졌는지 하나하나 자세히 들여다볼까? 역사의 흐름도 꿰고 고사성어도 익히는 '멍박사 표' 탐구 방식이지. 여기에 재미있는 미션 하나! 아래 이야기를 읽으면서 고사성어가 아닌 걸 두 개만 찾아봐.

1591년

동상이몽 조선 통신사

임진왜란 일 년 전, 일본에 갔던 조선 통신사들이 귀국하고 나서 전혀 다른 보고를 했어. 정사와 부사 두 명의 주장이 엇갈렸지. 한 명은 전쟁이 일어날 거라고 하고, 다른 한 명은 안 일어날 거라고 하면서 서로 맞섰거든. '같은 자리에서 자면서도 서로 다른 꿈을 꾸는' **동상이몽**처럼 두 사람의 의견이 서로 달랐던 거야. 동상이몽의 결과, 일본이 쳐들어오지 않을 거라는 데 당당히 오백 원을 건 선조는 일 년 뒤 꿈에도 상상치 못한 비극을 맞이하게 되는데……

1592년 4월

파죽지세 일본군

1592년 4월, 조선에 침입한 일본군은 '대나무를 쪼개듯 거침없이' **파죽지세**로 진격했어. 부산에 상륙한 지 이십여 일 만에 한양을 점령하고, 곧이어 개성을 거쳐 평양까지 차지했지. 일본군이 자랑하는 신무기인 조총을 앞세워서 말이야. 조총을 빵빵 쏘아대며 점점 북쪽으로 올라오는 일본군에 조선군은 어떻게 대응했을까?

일본군의 침입에도 조선 관군은 '어찌할 도리가 없어 꼼짝 못한 채' **속수무책**으로 당했어. 4월 14일에 부산진성 함락을 시작으로, 철석같이 믿었던 신립마저 최후를 맞이한 탄금대 전투까지 연이어 패하고 말았지. 조선군은 처음 보는 일본군의 조총에 '몹시 놀라 넋을 잃고' **혼비백산**해서 달아났다고 해. 아이고, 그때 우리 임금은 어찌했더라?

신립이 탄금대 전투에서 대패해 목숨을 잃었다는 소식을 들은 선조는 한양을 떠나 북쪽으로 피난을 떠났어. 뭐, 임금이 살아야 나라를 지킬 수 있다는 생각에 그랬다 치자고. 하지만 전쟁 전에 대비를 제대로 하지 않은 건 물론이고, 전쟁이 끝난 뒤에는 목숨을 바쳐 싸운 의병과 병사들보다 자신이 북쪽 끝 의주까지 도망가는 동안 시중을 든 내시들을 더 우대해 주었다지? 이런 경우를 두고 '낯가죽이 두꺼워 뻔뻔하고 부끄러움을 모르는' **후안무치**라고 해.

임금은 도망쳤지만, 전국 각지에서 의병들이 일어나 나라를 지키기 위해 일본군과 맞서 싸웠어. '위태로움을 보면 목숨을 바치는' **견위수명**을 몸소 실천한 거야. 남해에서는 이순신이 '모든 해전에서 승리하는' **백전백승**의 신화를 써 내려갔어. 이순신에게 번번이 패한 일본군은 '너무 큰 충격으로 정신줄을 놓게 되는' **멘탈 붕괴**에 빠졌지. 어휴, 이순신과 의병들 아니었으면 어쩔 뻔?

순망치한 명나라 군대

명나라는 조선으로부터 구원군을 보내 달라는 요청을 받고 오만 명의 군대를 파견했어. 조선이 예뻐서였을까? 그보다는 '입술이 없으면 이가 시린' **순망치한**처럼, 혹시나 조선이 패하기라도 하면 자기네 땅까지 위험해진다고 판단해서 참전한 거지. 어쨌든 명나라와 조선 연합군이 평양성을 탈환해 임진왜란의 전세를 역전시켰으니, 명나라 군대의 역할이 적었다고 할 순 없겠지.

지리멸렬 휴전 협상

의병과 이순신의 활약, 그리고 명나라의 참전 덕에 조선은 전세를 역전시키며 일본군을 한반도 남쪽으로 밀어낼 수 있었어. 이후 명나라와 일본 사이에 휴전 협상이 진행되었는데, 그 과정이 '이리 찢기고 저리 찢겨 갈피를 잡을 수 없는 것'처럼 **지리멸렬**했어. 그러다 결국 협상이 결렬되자 도요토미 히데요시는 다시 조선을 침략하라는 명령을 내려. 어이쿠!

풍전등화 정유재란

일본군이 조선을 다시 침입할 당시, 조선은 '바람 앞의 등불' 같은 **풍전등화** 상태였어. 이순신이 출정 명령을 거부했다는 죄로 한양으로 압송되어 감옥에 갇혀 있었거든. 상황이 급박해지자 선조는 이순신에게 '관직이나 계급 없이' 싸움터로 나가는 **백의종군**을 하라고 명했어. 그사이에 원균이 이끄는 조선 수군은 칠천량 해전에서 일본군에게 궤멸당하고 말았지. 다행히 이순신이 명량 해전에서 일본 수군을 물리친 덕분에 겨우 한숨 돌릴 수 있었어.

알쏭달쏭 인조반정

마침내 칠 년이나 계속된 임진왜란이 끝났어. 그로부터 이십여 년이 지난 1623년, 서인 세력은 임진왜란 때 조선을 도와준 명나라를 배신했다며 광해군을 왕위에서 끌어내렸어. 인조반정이야. 그런데 인조는 정말 그 이유 때문에 광해군을 몰아낸 걸까? 그저 정권을 잡기 위한 군사 정변은 아니었을까? '아무리 생각해도 진실이 무엇인지 알 수 없을' 만큼 **알쏭달쏭**하지?

설상가상 정묘호란

인조반정 이후 인조와 서인 세력은 명나라와 친하게 지내면서 여진족이 세운 후금을 멀리했어. 기분이 몹시 나빠진 후금은 명나라를 정복하기 전에 조선부터 무릎을 꿇릴 생각으로 조선에 침입했지. 이 전쟁이 정묘호란인데, 조선은 임진왜란의 상처가 다 아물기도 전에 또다시 전란에 휩싸이게 된 셈이야. 그야말로 **설상가상**, '눈 위에 서리까지 내린' 꼴이었어.

부중지어 인조

정묘호란을 겪은 뒤에도 교훈을 얻지 못한 걸까? 조선은 여전히 후금을 배척했어. 그러자 후금은 나라 이름을 청으로 바꾸고 다시 조선을 침입했지. 병자호란이야. 인조는 남한산성으로 피난을 갔다 청나라 군대에 포위되어 **부중지어** 신세가 됐어. 즉 '가마솥 안의 물고기 신세'가 된 거지. 다른 말로 독 안에 든 쥐. 인조는 이 위급한 상황을 어떻게 벗어났을까?

남한산성에서 버티던 인조는 사십칠 일 만에 성에서 나왔어. 탈출한 거냐고?

아니, 성을 나온 인조는 삼전도에서 청나라 황제에게 무릎 꿇고 땅에 머리를 박

는 항복의 의식을 치렀지. 인조는 목숨을 건지긴 했지만, '이제까지 들어 본 적

없는' **전대미문**의 치욕을 당해야 했어.

고사성어로 풀어 보는 일석이조 탐구 생활 잘 봤어? 고사성어가 아

닌 말은 찾았겠지? 아무래도 알쏭달쏭해? 멘탈 붕괴 직전이라고?

여기서 잠깐!

광해군과 서인 세력의 잘못된 만남

임진왜란이라는 급박한 상황에서 오히려 빛난 인물이 있다. 세자인 광해군이다. 광해군은 도망가기 급급했던 선조를 대신해, 군사를 모으고 의병을 독려하는 등 왕이 해야 할 일을 도맡았다. 그런데 선조는 광해군이 자신보다 인기가 많아지자 질투가 났던 모양이다. 이미 세자로 책봉한 광해군을 폐하고 한참 어린 영창 대군에게 세자 자리를 물려주려는 계획을 세운 것이다.

하지만 선조가 갑자기 죽으면서 광해군이 왕위에 오르자, 잠시나마 세자 자리를 위협했던 영창 대군의 운명은 정해진 거나 다름없었다. 결국 광해군은 영창 대군을 강화도에 유배 보낸 뒤 살해하고, 영창 대군의 어머니인 인목 대비마저 궁에 가둔다.

이는 서인 세력이 광해군을 몰아내는 불씨로 작용한다. 그 당시 서인 세력은 선조 시절에 주도권을 잃은 후 거의 삼십 년 동안 권력을 잡지 못한 상황이었는데, 광해군이 인륜을 저버렸다는 이유로 반정을 일으켜 정권을 장악한 것이다. 바로 인조반정이다. 왕위를 유지하기 위해 수많은 사람을 살해했던 앞선 왕들(태종, 세조 등)에 비하면 광해군의 행실이 과연 폐위당할 정도였는지에 대해선 아직도 논란이 분분하다. 그런 점으로 미루어 볼 때, 서인 세력이 주도한 반정은 명분보다는 이익을 위한 게 아니었을까?

⟨16세기 동아시아 국제 관계⟩

중국

1368년	1550년대	1592년
명나라 건국.	북쪽에서 몽골, 남쪽에서 왜구가 출몰하여 백성들을 괴롭힘.	임진왜란 발발, 조선에 군대 파병

조선

1392년	1510년	1591년	1592년
조선 건국.	조선에 거주하는 일본인들이 폭동을 일으킴. (삼포왜란)	일본에 통신사 파견.	임진왜란 발발.

일본

15~16세기 후반	1590년	1592년
패권을 놓고 영주들이 백오십여 년 동안 전쟁을 벌임. (전국 시대)	도요토미 히데요시, 전국 통일.	조선 침략.

1600년대 초	1616년	1627년	1636년	1644년
여진족, 명나라 공격.	여진족 추장 누르하치, 후금 건국.	후금, 조선 침략.	후금이 국호를 청으로 바꾸고 다시 조선 침략. (병자호란)	농민 반란으로 명나라 멸망. 청나라, 중원을 차지하고 베이징을 도읍으로 삼음.

1597년	1598년	1623년	1627년	1636년	1637년
정유재란 발발.	임진왜란 종결.	인조반정 발생.	후금의 침략으로 정묘호란 발발.	병자호란 발발.	조선, 청나라의 신하가 됨.

1593~1596년	1597년	1598년	1600년
휴전 협상.	조선 재침략. (정유재란)	도요토미 히데요시 사망, 전쟁 종결.	내전이 일어나 도쿠가와 이에야스 승리, 에도(도쿄) 막부 시대 시작.

남쪽에서 불어오는 심상치 않은 바람

"남쪽의 왜국 상황이 심상치 않다니 통신사를 보내 상황을 파악해 보도록 하라."

임진왜란이 일어나기 이 년 전인 1590년, 조선의 제14대 임금인 선조는 일본에 조선 통신사를 파견했어. 오랜 시간 전란에 휩싸여 있던 일본을 힘으로 통일한 도요토미 히데요시라는 자가 아무래도 큰 문제를 일으킬 것 같다는 소문이 돌았거든. 그래서 일본의 내부 사정을 알아보라고 보낸 거지. 일본에 갔던 통신사 일행은 일 년 만인 1591년에 귀국했어.

"그래, 왜국의 사정이 어떠하더냐?"

근데 정사와 부사의 의견이 서로 다르네? 어쩌라는 거야? 선조는
난감했지. 혼란에 빠진 조정에서는 전쟁이 난다, 안 난다를 놓고 입씨
름을 벌였어. 논란 끝에 전쟁이 안 난다는 쪽으로 결론을 내렸지. 그
러면서 소문을 퍼뜨리지 말라고 입단속까지 했어. 왜 그랬을까?

조선 통신사의 엇갈린 보고

1392년에 건국한 이래 조선은 우리 역사에서 유례없는 평화를 누
렸어. 삼국 시대부터 고려 시대까지 허구한 날 외적의 침입과 내부 반

란에 시달렸는데, 조선을 세운 후로는 간혹 북쪽 경계를 침범하는 여진족과 전투를 치르거나 남쪽 왜구들의 노략질에 시달리는 것 빼고는 거의 이백 년 동안 큰 전쟁이 없었지.

그러다 보니 조선의 사대부들은 전쟁에 대비한 군사 훈련보다 성리학에서 말하는 군자의 모습에 더 관심이 많았어. 그 때문에 '무'보다 '문'을 숭상하는 분위기가 조선 사회에 퍼져 있었고, 오랫동안 이어진 평화에 취해 전쟁 같은 급박한 상황에 둔감할 수밖에 없었지.

통신사의 상반된 보고를 받고서, 전쟁이 일어날 것 같지 않다고 결론을 내린 데에는 이런 속사정이 있었어.

에이, 설마 섬나라 왜구들이?

도요토미 히데요시는 일본을 통일한 뒤, 깜짝 놀랄 만한 계획을 발표했어. "중국 명나라의 황제가 되겠다!"고 했다나? 그러면서 조선에 "명을 정복하러 가는 데 길을 빌려 달라."고 요구했지.

이렇게 전쟁을 결심한 도요토미 히데요시는 규슈 지방의 나고야에 조선을 침략하기 위한 전진 기지를 건설하고 전함 수백 척을 만들게 했어. 또 조총 부대를 철저하게 훈련시키고, 십오만 명에 달하는 병사를 제1진에서 제9진으로 나눈 뒤, 조선 방향으로 배를 밀어 줄 북풍이 불기를 기다리고 있었지.

그 시각에도 조선의 조정에서는 일본의 거듭된 선전 포고에 "에이,

인터뷰 '조선을 침략하는 이유'

설마. 섬나라 왜구들이 무슨 수로?" 하면서 일본을 무시했어. 잠깐 왜군의 침략에 대비해 성을 수리하고 군사 훈련을 시키기도 했지만, 기나긴 평화에 익숙해진 탓이었을까? 그마저도 중단해 버렸지.

하! 이런 거 보면 역사를 굴리는 힘은 수많은 백성들에게서 나오는 게 맞지만, 어느 방향으로 굴릴 건지를 결정하는 지도자의 능력이 정말 중요해 보이긴 해.

그렇다면 선조는 어떤 임금일까? 하필이면 왜 전쟁에 대비하지 않겠단 결정을 내려서 나라를 혼란을 빠트린 걸까? 앞에서도 소개했지만, 선조는 조선의 제14대 임금이야. 대한 제국을 포함해서 조선에 모두 27명의 임금이 있었으니, 대략 중간쯤에 해당하는 시기지.

선조는 조선 역사에서 좀 특이한 기록을 세운 임금이야. 선조 이전까지는 적자(본부인이 낳은 아들)가 왕위를 이었는데, 제13대 임금인 명종이 죽고 왕위를 이을 적자가 없자, 제11대 임금인 중종의 서손 하성군이 왕위를 이었지. 그 사람이 바로 선조야. 이로써 선조는 서자가 왕위를 이은 최초의 인물이 되었어. 어렵다고? 그러니까 양반 신분에 비유하자면, 과거 시험 볼 자격도 없는 서얼 출신이 임금이 되었다고나 할까?

아무튼 우여곡절 끝에 왕이 된 선조는 문치를 중시했어. 그 결과 이황, 이이, 서경덕, 조식, 정철, 유성룡, 허엽 등 이름난 학자들이 속속 등장했지. 거기까지는 그런대로 좋았는데, 이들이 출신 지역과 학맥에 따라 끼리끼리 어울리다 보니 붕당 정치가 시작되었어. 동인, 서

인, 남인, 북인……, 이렇게 나뉘어 다투는 붕당 정치가 임진왜란을
효과적으로 대비하지 못하게 만드는 원인이 되었지.

앞에서 임진왜란 바로 전에 통신사로 다녀온 황윤길과 김성일의 의
견이 서로 달랐다고 했지? 이때 정사 황윤길은 전쟁이 난다는 쪽이었
고, 부사 김성일은 안 난다는 쪽이었잖아. 근데 황윤길은 붕당으로 따
지면 서인이었고, 김성일은 동인이었지. 당시 조선의 조정은 동인의
입김이 세게 작용하던 시기였어.

그러다 보니 동인들이 김성일의 의견에 동조했고, 선조 역시 '그깟
왜구 주제에?' 하면서 전쟁이 안 난다라는 의견을 채택하게 된 거야.

조선의 임금과 붕당 정치

붕당 정치란, 성리학을 공부하는 선비들 중에 뜻이 맞는 사람들끼리 무리를 이루어 서로 비판하며
견제하는 정치 체제이다. 원래대로라면 정치에 '견제와 균형'의 발판을 만드는 훌륭한 체제이지
만, 선조 때 시작된 붕당 정치는 곧 '분열'의 상징으로 자리매김하게 된다. 관리들의 인사권을 쥐고
있는 '이조 전랑' 자리를 놓고 동인과 서인으로 분열한 게 최초인데, 이후로 관료와 지식인 할 것
없이 어느 한쪽을 지지하며 대를 이어 대립하게 된 것이다.

그럼 임금은 왜 이런 상황을 가만히 보고만 있었을까? 사실 전쟁이라는 난리통을 겪은 선조와 광
해군은 물론이고, 광해군을 반정으로 몰아낸 인조와 청나라의 거센 입김 아래 놓인 효종 등 많은
임금이 붕당의 힘을 빌려 자신의 자리를 보존하는 경우가 많았다. 그러다 보니 자신을 밀어 준 붕
당에 힘을 실어 주는 건 당연지사. 이후 제19대 임금인 숙종은 오히려 붕당 간의 다툼을 이용해 왕
권을 강화하기도 했지만, 권력 다툼의 폐해가 너무 커지자 제21대 임금인 영조, 그 손자인 제22대
임금 정조 대에 이르러 강력한 탕평책으로 붕당 정치를 억누르게 된다.

임진왜란이 일어나게 된 결정적인 이유

뭐, 붕당이 나뉘어 다투지 않았다고 한들 도요토미 히데요시가 맘먹고 전쟁을 일으키겠다는 걸 막을 순 없었을 거야. 다만 전쟁이 일어날 수도 있겠다는 생각을 하고 철저하게 대비를 했다면 그렇게 큰 피해를 입지는 않았을지도 몰라. 그런 결정을 제대로 내리는 것이 지도자의 능력인데, 그런 면에서 선조는 무능했다고 할 수 있겠네.

전국 시대를 끝낸 도요토미 히데요시는 중국 대륙의 황제가 되겠다는 명분으로 전쟁을 일으켰어. 말은 황제가 되겠다고 했지만, 속으로는 고분고분하지 않은 지방 영주들의 힘을 분산시키기 위해 밖으로 눈을 돌리게 하려는 의도였지.

최근 역사학자들은 임진왜란이 일어난 데에는 경제적인 이유가 있다고 보기도 해. 임진왜란 전, 명나라는 일본과 제한적으로 무역을 했어. 그러니까 어디서나 거래를 할 수 있는 게 아니라 지정된 항구에서만 가능했고, 거래 품목에도 제한을 두었지. 그런데 여기서 일본의 특기가 발휘되었어. 노략질 말이야. 왜구의 노략질이 극성이다 보니, 명나라는 골치가 아픈 나머지 무역을 아예 중단해 버렸지.

조선도 마찬가지였어. 무역을 허가한 세 개의 항구에서 왜인들이 난리를 일으키는 바람에, "니들 이럴 거면 다 나가!" 하면서 무역을 중단하는 조치를 취했거든. 그러자 명나라나 조선과는 정상적인 방법으로 무역을 할 수 없겠다고 판단한 도요토미 히데요시가 전쟁이라는 수단을 통해 경제 문제를 해결하려 했다는 거지.

동서고금의 수많은 전쟁이 왜 일어났는지 곰곰이 살펴보면 그 이유가 아주 다양해. 인종, 민족, 종교, 영토 등 지역과 시기에 따라 갖가지 명분으로 가득하지. 하지만 그 속을 들여다보면 거의 '밥그릇', 그러니까 경제적인 이득을 챙기기 위한 거더라고.

그런 면에서 볼 때 도요토미 히데요시가 조선을 침략한 이유도 경제적인 문제가 바탕에 깔려 있지 않나 싶어. 빼앗은 영토는 물론이고, 약탈한 포로와 물자가 전부 경제적인 이득으로 이어지니까.

그나저나 일본군이 침략하기 하루 전인 1592년 4월 12일, 여수 앞바다. 일 년 전 유성룡의 추천으로 전라 좌수사(전라도의 수군을 통솔하는 우두머리로 정삼품에 해당하는 관직)에 임명된 이순신은 새롭게 건조한 거북선으로 전술 훈련을 마쳤어.

전쟁이 일어나지 않을 거라는 조정의 의견을 믿지 않고 일본군의 침입에 대비하고 있었던 거지. 하지만 이순신도 일본군 함선 수백 척이 그렇게 빨리 부산 앞바다에 나타날 줄은 몰랐을 거야.

더 넓은 시각으로 임진왜란 바라보기
··· 16세기에 벌어진 국제 전쟁, 임진왜란 ···

1950년 6월 25일, 북한의 공격으로 한국 전쟁이 시작되었다. 한국 전쟁이 치러진 무대가 한반도이고 같은 민족이 치른 전쟁이어서 '국내전이 아닐까?'라고 생각할 수도 있겠다. 하지만 실은 세계 여러 나라가 개입된 국제전이었다. 대한민국은 유엔군의 참전으로 낙동강을 넘어 압록강까지 북한군을 밀어붙였는데, 그 후 중국 군대가 압록강을 건너오면서 본격적인 국제전으로 확대되었다.

사백여 년 전, 일본군의 침입으로 시작된 임진왜란도 한국 전쟁과 양상이 비슷했다. 처음엔 조선과 일본, 두 나라의 싸움이었지만 명나라가 참전하면서 16세기 동아시아 국제전으로 확대되었다. 게다가 전쟁 이후 동아시아 삼국 모두 큰 변화를 겪는다는 점에서, 임진왜란을 좀 더 넓은 시각으로 살펴보아야 전쟁의 속성을 보다 깊이 이해할 수 있다.

평온한 조선, 떠오르는 일본, 기우는 명나라

임진왜란 전 한중일의 상황은 한마디로 요약할 수 있다, 평온한 조선, 떠오르는 일본, 기울어 가는 명. 조선은 1392년에 개국한 뒤, 이백여 년 동안 큰 전쟁을 치르지 않았다. 그래서 전쟁에 대한 준비가 제대로 되어 있지 않았다. 반면에 일본은 허구한 날 전쟁을 치르는, 이른바 전국 시대를 백 년 넘게 경험했다. 그만큼 전투력이 막강했고, 경제력 또한 상승세였다. 그럼 명나라는 어땠을까? 명나라는 건국 후 이백 년이 지나면서 서서히 쇠퇴의 조짐을 보이고 있었다.

역사적으로 살펴볼 때, 한반도는 주변의 강국이 패권을 유지하고 있을 때 비교적 평화로운 편이었다. 그러다 패권을 유지하던 강국이 힘을 잃게 되면 전쟁에 휘말리는 역사가 반복되었다. 한족이 세운 송나라가 몽골족이 세운 원나라로 교체될 때도, 원나라가 다시 한족이 세운 명나라로 바뀔 때도 마찬가지였다. 그러니 명나라가 쇠퇴하는 시기에 한반도가 또다시 전쟁에 휘말릴 확률은 굉장히 높은 편이었다.

싸움꾼 일본, 명나라 정벌을 앞세워 조선을 침략하다

일본은 임진왜란을 일으키기 전, 백 년 동안 밤낮없이 싸움을 치르면서 발전한 군사력과 신무기 조총, 그리고 향상된 경제력을 바탕으로 '이 정도 실력이면 명나라와 붙어도 이길 수 있겠다.'는 자신감에 차 있었다. 그 자신감을 과도하게 드러낸 인물이 바로 전국 시대를 끝내고 일본을 통일한 도요토미 히데요시였다.

도요토미 히데요시는 1536년에 가난한 농부의 아들로 태어났는데, 의붓아버지의 학대로 집을 나가 전국 시대 실력자 중 한 명인 오다 노부나가의 잔심부름꾼이 되었다. 그 뒤 신임을 얻어 영지를 하사받고 주군을 위해 싸우던 중, 1582년에 오다 노부나가가 부하들의 반란으로 자결하자 군대를 이끌고 반란군을 격파해 주군의 원수를 갚는다.

그로부터 팔 년 후, 도요토미 히데요시는 수없이 많은 전쟁을 벌여 마침내 전국 시대를 마감하고 일본을 통일한다. 하지만 도요토미 히데요시는 여기서 멈추지 않고, 명나라를 정복해 중국의 황제가 되고 싶어 했다. 그런 이유로 명나라로 가는 중간 기착지인 조선에게 자기편이 되어 달라고 요구한 것이다. 과연 조선의 반응은 어땠을까?

미개한 섬나라가 아버지 나라를 정벌한다고?

예나 지금이나, 일본을 가장 우습게 여기는 나라는 어딜까? 바로 우리나라다. 물론 백여 년 전에 겪은 일제의 식민지 지배에 대한 분노와 적개심 때문이기는 하다. 그런데 사백여 년 전의 조선 시대에는 일본을 더욱더

1700년, 에도(도쿄)로 향하는 다이묘(성주)의 행렬을 묘사한 그림. 기다란 일본도를 허리에 찬 무사들이 다이묘를 호위하고 있다. ⓒ미국 메트로폴리탄 미술관

하찮게 여겼다. 조선의 선진 문물을 받아 가거나, 노략질을 일삼는 왜구들의 본거지 정도로 생각했으니까.

그런데 조선은 달라진 일본의 상황을 몰라도 너무 몰랐다. 수십 년 넘게 일본에 통신사를 보내지 않은 탓에 국내 상황을 똑바로 파악하지 못한 것이다. 뿐만 아니라 막강한 군사력과 경제력, 전국을 통일한 기운을 외부로 돌리려는 도요토미 히데요시의 야욕을 별 고민 없이 무시했다.

도요토미 히데요시는 임진왜란을 일으키기 몇 년 전부터 조선에 조공을 바치라는 둥, 조선 왕이 직접 와서 인사를 하라는 둥, 말도 안 되는 요구를 끊임없이 해 왔다. 그러지 않으면 쳐들어간다는 공공연한 협박도 함께였다. 하지만 조선은 일본을 과도하게 무시했고, 국제 정세를 면밀하게 파악하지 못했으며, 침략하겠다는 경고를 받고도 전쟁 대비에 안일했다.

그 결과, 임진왜란이 시작되었을 때 조선군은 조총으로 무장한 일본군에 속수무책으로 무너졌다. 선조는 곧바로 명나라에 원군을 요청했다. 명나라는 조선을 도와 왜를 물리친다는 명분으로 오만 대군을 파견했다. 물론 명나라의 속셈은 따로 있었다. 만약 일본군이 조선을 유린하고 압록강을 건너오면, 중국 땅이 전쟁터가 될 것이 뻔했다. 그러다 자칫 만리장성 넘어 베이징으로까지 침입하는 끔찍한 상황이 벌어지는 걸 막기 위해 선제 조치를 취한 셈이었다. 이로써 임진왜란은 국제전으로 확대되었다.

임진왜란으로 시작되어 명·청 교체로 이어지는 16세기 후반부터 17세기 중반 사이, 동아시아의 국제 정세는 이렇게 서로 물리고 물리며 복잡하게 전개되었다. 이것이 바로 임진왜란을 우리나라 역사만으로 받아들이기보다는 국제전의 시각으로 바라보아야 하는 이유이다.

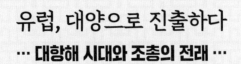

유럽, 대양으로 진출하다
··· 대항해 시대와 조총의 전래 ···

1543년, 마카오에서 동남아로 향하던 배 한 척이 풍랑을 만나 난파 직전에 일본의 한 섬에 정박한다. 배 안에는 포르투갈 출신의 상인이 타고 있었다. 그런데 그들이 가진 무기가 일본인들의 관심을 끌었다. 나중에 일본에서는 철포, 중국에서는 조총이라 부르게 되는 '휴대용 소총'이었다. 외국 물건을 자기네 것으로 만들어 사용하는 데 탁월한 능력을 가진 일본인들은 곧 조총 개량에 나섰고, 발 빠르게 실전에 적용하기 시작했다.

유럽에서 일본으로 전래된 조총의 위력에 열광한 사람 중 한 명이 전국 시대 실력자인 오다 노부나가였다. 그는 나가시노 전투에서 삼천 명으로 이루어진 조총 부대가 삼회 연속 사격하는 작전을 구사하여 전국 시대 최강의 기마대를 무찌르며 패권을 거머쥐었다. 이후 일본의 조총 부대는 조선군에게도 치명적인 타격을 입히는데, 전쟁 초기에 조선군이 속절없이 밀린 이유로 조총의 위력을 꼽기도 한다. 동아시아 운명을 바꾸는 데 큰 역할을 한 조총, 그런데 까마득히 떨어진 포르투갈의 상인이 어쩌다 일본에 나타나게 된 걸까?

임진왜란이 일어나기 백 년 전인 1492년, 세계사에 한 획을 그은 항해가 시작되었다. 에스파냐 왕실의 지원을 받은 크리스토퍼 콜럼버스가 인도를 찾아 항해에 나선 것이다. 콜럼버스는 석 달여 만에 자신이 인도라 믿는 곳에 도착했는데, 실제로는 인도가 아니라 쿠바 위쪽의 바하마 제도였다. 콜럼버스에 이어, 아메리고 베스푸치가 대서양을 건너 중앙아메리카와 브라질 연안을 탐험한다. 유럽의 대항해 시대가 막을 연 것이다!

1492년, 크리스토퍼 콜럼버스가 에스파냐를 떠나 대항해에 나서는 장면을 묘사한 그림. 1850년 작품이다.
ⓒWellcome Collection

　포르투갈인인 마젤란은 더 큰 야심이 있었다. 그는 배를 타고 세계를 한 바퀴 돌아올 야심찬 계획을 세웠다. 아메리카 대륙 연안을 항해하다 해협으로 빠져나온 그는 곧 넓은 바다로 진출했다. 그 넓은 바다가 바로 태평양이다. 마젤란은 필리핀의 세부섬에 도착한 뒤, 원주민과의 전투에서 전사하고 만다. 그러니까 살아서 세계 일주를 마치진 못한 셈이다. 하지만 그가 이끌던 배가 결국 에스파냐로 돌아가 세계 일주를 완성한다.

　콜럼버스와 마젤란의 성공적인 항해는 서양 세력이 아프리카와 아시아에 진출하는 시발점이 되었다. 포르투갈 상인들은 새로운 시장을 개척하기 위해 연이어 아시아로 몰려갔고, 그 바람에 서구 세계와 처음 인연을 맺은 일본은 서양 문물을 빠르게 받아들였다.

　조총이 일본에서 전국 시대를 마감하는 위력을 발휘하는 데 그치지 않고 임진왜란 때 조선군까지 공포에 몰아넣었던 건, 세계사에 한 획을 그은 '대항해 시대'의 결과물이라고 할 수 있겠다.

파죽지세 일본군, 속수무책 조선군

도요토미 히데요시가 임진왜란을 일으킨 이유를 대충이나마 알 거 같니? 그렇다면 이제 철저하게 준비된 일본군과 아무런 준비도 안 된 조선군의 싸움이 어떻게 전개되는지 전쟁에 참여했던 병사의 목소리로 들어 보자고. 제목은 〈부산에서 의주까지 나는 달렸다!〉.

조선군 병사

4월 13일, 늦은 오후였어요. 부산 앞 절영도에서 사냥을 하고 있는데, 갑자기 바다 남쪽에서 배들이 새까맣게 밀려왔어요. 처음에는 '저게 뭐야? 왜인들이 조공을 바치러 오는 건가?' 하고 대수롭지 않게 생각했지요. 그런데 다시 보니 배가 너무너무 많은 거예요. 헐! 우리는 사냥이고 뭐고 다 집어치우고 재빨리 부산진성으로 돌아갔지요.

4월 14일 새벽, 일본군 선봉대 1만 8천 명이 부산진성으로 몰려왔어요. 성 안에는 군사와 백성을 합쳐……, 약 3천 명이 전부였고요. 아유, 이를 어째!

왜군은 성을 포위한 채 처음 보는 무기를 들고 뭔가를 마구 쏘아댔어요. 나중에 그게 조총이라는 걸 알게 되었죠. 하지만 그땐 총소리가 하도 커서 군사들 모두 혼비백산했답니다.

서너 시간 동안 치열한 접전이 펼쳐진 뒤, 왜군이 성 안으로 몰려들었어요. 그때 저도 계속 싸우고 있었는데, 성이 함락될 찰나 부산진성의 수비를 책임진 정발 장군이 저더러 빨리 동래성으로 가서 왜군의 침입 사실을 알리라고 했어요. 정말로 중요한 임무라면서 말이에요.

부산진성에 이어 동래성도 함락되다

조선군 병사

저는 무거운 마음을 부여안은 채 이십 리 길을 쉬지 않고 달려 동래성에 도착했어요.

"장군님, 부산진성이 함락되었습니다!"

제가 숨을 헉헉거리며 보고를 하자 동래부사인 송상현 장군은 이미 알고 있다는 듯 깊은 한숨을 쉬었어요. 다음 날 새벽, 예상대로 고니시 유키나가가 이끄는 왜군이 동래성으로 몰려왔어요. 아니, 이것들은 왜 나만 쫓아와!

고니시는 나무 쪼가리에 다음과 같은 글을 적어 송상현 장군에게 보냈어요.

"싸울 테면 싸우되, 그게 아니라면 길을 비켜 달라."

그러자 송상현 장군이 짤막한 답신을 보냈죠.

"전사이가도난(戰死易假道難)."

'싸워서 죽기는 쉬우나, 길을 비켜 주기는 어렵다.'는 뜻이에요. 항복하라는 권유를 단칼에 거부한 거지요. 곧 전투가 시작됐고, 조선 군사와 백성들은 전멸했어요.

저는 동래성 북문 쪽에서 싸우다 한쪽 팔에 칼을 맞고 쓰러져 죽은 척하고 있었답니다. 그러다가 왜군들이 성을 불태우느라 정신없는 틈을 타서 잽싸게 북문으로 빠져나왔죠.

충주 탄금대에서 전사한 신립 장군

조선군 병사

동래성을 빠져나온 저는 성 밖에 서 있는 말을 훔쳐 타고 봉화 연기보다 빠르게 북쪽으로 내달렸어요. 대구를 지나

상주를 거쳐 충주까지요! 마침 운좋게 정예병을 이끌고 오던 신립 장군을 만나 패전 소식을 전할 수 있었지요.

"헉헉, 장군님! 왜군이 이곳으로 몰려오고 있습니다. 왜군들은 천둥소리가 나는 조총으로 무장하고……."

신립 장군이 우렁찬 목소리로 질책하셨어요.

"그래, 그 조총이라는 게 쏜다고 다 맞는다더냐?"

어, 이러시면 안 되는데? 신립 장군은 부하 장수들을 모아 놓고 어디서 왜군을 무찌를지 군사 회의를 열었어요. 부하들이 산세가 험하고 길이 좁은 조령 고개에 매복해 있다가 왜군을 몰살시키자고 건의했는데, 장군의 의견은 그것과 달랐어요.

"탄금대 앞에 배수진을 치고 우리 팔천 기마 부대로 적진

여기서 잠깐!

신립이 짠 배수진의 유래

배수진이란 '등 뒤에 물이 놓여 도망갈 곳이 없는 상황'에서 전투를 치르는 용병술을 뜻한다. 중국의 한나라를 세운 유방을 도와 결정적인 전투마다 승리를 거둔 명장 한신이 처음 사용한 것으로 전해진다. 조나라 군대와 접전을 벌이게 된 한신은 강을 등 뒤에 두고 진을 치는 전쟁의 금기(해서는 안 될 방법)를 범했는데, 오히려 도망갈 곳이 없는 한신의 군사들이 죽기 살기로 싸워 승리를 거둔 데에서 비롯되었다. 하지만 신식 무기인 조총으로 무장한 일본군과의 전투에서 배수진을 친 신립 장군의 경우, 도망갈 곳이 없는 조선 군대가 강에 빠져 몰살당하는 원인으로 작용하기도 했다. 요즘에는 '어떤 결과를 얻기 위해 더 이상 물러설 곳이 없다.'는 뜻으로도 종종 쓰인다.

을 휘저으면 승산이 있을 것이다.”

어, 이러시면 정말 안 되는데?

4월 28일, 고니시가 이끄는 왜군 제1진 선봉대와 제2진이 탄금대 앞으로 몰려왔어요. 아, 이젠 지겹네. 여기서 막아 더 이상 못 따라오게 해야지.

엇, 드디어 신립 장군이 기마대를 좌우로 벌리더니 왜군 진영으로 돌격했어요! 그런데 왜군들이 조총을 쏘아 말 탄 군사는 물론이고 말까지 마구 쓰러뜨리지 뭐예요. 싸움이 불리해지면서 더 이상 도망칠 곳이 없는 조선 군사들이 강물에 빠져 죽었지요. 신립 장군도 물속으로 투신했고요. 저도 강으로 뛰어들었답니다. 첨벙.

한양을 떠나는 선조와 대신들

조선군 병사

물에 빠지면서 정신을 잃었는데, 눈을 떠 보니 모래사장이 었어요. 그길로 저는 말 하나를 얻어 타고서 한양으로 냅다 달렸지요. 패배 소식을 얼른 알려야 할 것 같았거든요.

“전하, 전하, 전하! 신립 장군이 전사했습니다.”

평상시면 어림도 없었겠지만, 비상시인지라 궁궐에 직접 들어가 신립 장군이 전사했다는 비보를 전했어요. 임금님과 대신들 얼굴이 순식간에 하얗게 질렸지요. 신하들 사이에서 곧바로 갑론을박이 벌어졌답니다.

"군사들을 모두 모아 왜군이 한강을 건너지 못하게 막아야 합니다."

"아닙니다. 어서 빨리 북쪽으로 피난을 가야 합니다."

임금님은 고심 끝에 한양을 떠나기로 했어요.

4월 30일 새벽, 임금님은 호위 무사도 없이 왕실 가족과 대신들, 그리고 내시 등 백여 명을 이끌고 창덕궁을 빠져나갔어요. 임금이 한양을 버리고 도망치자 성난 백성들이 몰려가 궁궐에 불을 질렀지요.

이틀 뒤 고니시와 가토의 군대가 한양에 쳐들어왔어요. 어휴, 어쩌겠어요. 저는 다시 말을 타고 개성으로 달렸어요. 개성에 겨우겨우 도착하고 보니, 임금님이 평양으로 가셨다지 뭐예요. 그래서 또 평양으로 달렸죠. 말 발바닥에서 땀이 날 정도로 평양까지 달렸는데, 아니, 임금님이 또 의주로 떠나셨다네요? 어떻게 하루 종일 말을 달린 저보다 더 빠른 건지……. 아무튼 저는 의주까지 또 달렸어요. 한반도의 최남단 부산에서 최북단 의주까지 쉬지 않고 달린 거죠.

의주에서 임금님은 왜군 손에 죽을 수 없다며 명나라로 망명(?)하겠다고 말씀하셨어요. 다행스럽게도 유성룡 대감이 그러면 안 된다며 극구 말렸지요. 아마 유성룡 대감이 아니었으면 압록강을 건너가셨을지도 몰라요.

그 후 평양성을 점령한 고니시가 의주에 있는 선조 임금님에게 편지를 보냈어요.

"이제 곧 십만이 넘는 우리 군사가 배를 타고 서해를 따라 이곳으로 올 텐데, 그땐 전하께서 어디로 가시려나요?"

아, 저도 이젠 죽는구나 싶었죠. 더 이상 갈 데가 없으니까요. 그런데 며칠이 지나도록 왜군이 쳐들어오지 않는 거예요. 그토록 발 빠르게 따라붙던 녀석들인데. 대체 무슨 일이지?

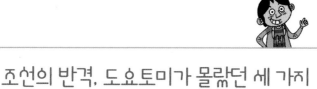

조선의 반격, 도요토미가 몰랐던 세 가지

그런데 두 달 만에 평양성을 점령한 고니시는 왜 의주까지 진격하지 않고 평양성에 눌러앉아 있었던 걸까? 궁금하네. 바다 건너 일본에 있는 인물과 화상 통화를 해서 그 이유를 알아봐야겠어.

"아, 도요토미 상! 오겡키 데스카?"

도요토미

잘 지내기는, 개뿔! 그냥 한국말로 해. 요즘 한류 때문에 한국어 다 알아듣는다고.

"아니, 왜 성질을 내고 그래요? 다 이긴 것처럼 '아침은 부산에서 먹고, 점심은 한양에서 먹겠다!'고 하더니만?"

도요토미

몰라서 물어? 멍 박사라더니만 정말 이름 그대로 멍청하군. 전쟁을 금방 끝낼 줄 알았는데 뜻대로 안 되고 있잖아!

"허, 참! 많이 꼬이셨네. 일단 진정하시고요, 파죽지세로 나아가던 고니시가 왜 평양성에서 꼼짝 못 하고 있는지나 설명해 보시죠."

도요토미

하나, 이순신. 모든 게 이순신 때문이야!

이번 전쟁의 목표가 뭐였는지 아나? 조선 왕의 항복을 받고 나서, 조선에서 병사와 물자를 보급받으며 명나라로 진격하는 거였네. 이를 위해 총 십오만 명의 일본군을 조선에 보냈지. 전쟁 초기만 해도 순조롭게 그 뜻이 이루어지는 줄 알았어. 헌데 조선 국왕이 북쪽으로 도망쳐 버렸네? 여기서부터 계획이 틀어져 버린 거야. 이런, 된장! 우리 일본에서는 성을 함락당한 영주는 항복하거나 할복하거나, 둘 중 하나라고. 아니, 명색이 왕이라는 자가 도망을 가? 좋아, 그건 그렇다 치고. 일본군이 한양까지 쭉쭉 잘 밀고 올라간다는 전황을 보고받고 나서, 나는 서해를 통해 한양으로 병사와 군수 물자를 실어 나르려고 했지. 그런데 이

작전이 또 틀어져 버렸지 뭔가? 바로 이순신 때문에! 난 정말 몰랐다고. 우리 수군이 바다에서 꼼짝 못 하게 될 줄은.

전쟁이 시작된 지 한 달이 채 안 된 어느 날, 조선에서 심상치 않은 보고가 날아왔어. 우리 수군이 조선 수군에 패했다는 비보였지. 옥포, 사천, 당포 등지에서 벌어진 전투마다 조선 수군에 전부 패했다는 거야. 그러다 급기야 7월 8일, 한산도 앞바다에서 이순신의 학익진에 걸려 우리 전함 칠십여 척이 격파되고 병사 수천 명이 전사했다더군.

더 큰 문제는 그 때문에 군량 보급을 받지 못한 고니시가 평양성에서 숟가락만 빨고 있다지 뭐야. 결국 나는 이순신과의 전투를 전면 금지시켰지. 하, 이.순.신. 이름 석 자만 들어도 치가 떨리는군!

도요토미

둘, 의병. 도대체 소속이 어디야?

내가 미처 생각지 못했던 게 또 있어. 이순신 때문에 머리에 쥐가 나서 미칠 지경이던 어느 날, 조선에서 또 급보가 날아왔어. 육로를 통해 보급품을 실어 나르던 수송 부대가 정체불명의 군대에 기습을 받아 무참히 무너졌다는 거야. 나는 너무 화가 나서 마구 소리쳤지.

"일본군이 조선군을 격파하고 파죽지세로 북상하고 있는데 도대체 누가 일본군을 공격한단 말이냐?"

그랬더니 전령이 뭐랬는지 알아? 자기들도 정체를 모르겠대. 조선 관군은 아닌 것 같은데, 그렇다고 일본군을 배신한 부대도 아니고……. 알쏭달쏭하다나 뭐라나? 아니, 전시에 알쏭달쏭하면 어쩌자는 거야! 한참이 지나서야 그들의 정체가 '의병'이라는 걸 알았어.

일본에서는 영주가 항복을 하면 백성들은 새로운 주인을 섬기면 돼. 그런데 조선 백성들은 도대체 뭐야? 지들이 뭔데 군인도 아닌 주제에 일본군을 공격하느냐고. 보고에 의하면 곽재우인가 뭔가 하는 의병장이 시뻘건 옷을 입고 다니면서 일본군을 집요하게 괴롭힌다더군. 경상도에서 전라도로 진출하려는 우리 일본군을 남강 상류인 정암진에서 무너뜨린 걸 시작으로, 여기저기에서 신출귀몰하며 일본군을 혼란에 빠트리고 있다는 거야.

곽재우뿐만 아니라 경상도에서 김면, 정인홍이, 전라도에서 고경명, 김천일, 김덕령이, 충청도에서 조헌과 영규, 함경도에서 정문부, 그리고 묘향산과 금강산에서 서산 대사와 사명 대사까지. 하이고, 웬 스님들까지 나서냐고!

내가 정말 미쳐! 아무튼 이순신에게 얻어터지고, 여름날 생선에 꼬이는 파리 떼처럼 달려드는 의병한테 뒤통수를 얻어맞는 바람에 전라도로 진출해 군량을 확보하려던 계획이 엉망이 되어 버렸어. 게다가 의병이 일본군을 괴롭히

는 사이, 속수무책으로 패하던 조선 관군이 전열을 정비해
서 이제 일본군과 대등하게 싸우고 있다나? 내 의병만 생
각하면……, 으으, 병이 난다, 병이 나!

도요토미

셋, 명나라. 니들은 뭔데 남의 싸움에 나서고 그래?
세 번째로 내 뒤통수를 친 건 명나라 군대야. 명나라는 조
선의 요청을 받아들여 오만 명에 달하는 군대를 파병했다
더군. 1593년 1월, 조선과 명나라의 연합군이 평양성을 총
공격했어. 평양성의 외성 방어선이 무너지고 내성으로 쫓
겨 간 우리 일본군은 독 안에 든 쥐 신세가 되었지.

다행히 명나라 군대를 지휘하는 장수 이여송이 고니시에게 길을 터 줄 테니 성을 비우라고 해서, 고니시 부대가 겨우 평양성을 빠져나올 수 있었지. 평양성을 빼앗긴 건 나에게 크나큰 아픔이었어. 그 이후로 전세가 급격히 역전됐거든.

아, 명나라만 생각하면! 지들 순서는 한참 뒤인데, 왜 남들 싸움에 미리 끼어들어 일본과 조선 사이의 전쟁을 동아시아 국제 전쟁으로 만들어 버리냐고.

이게 다 이순신과 의병 때문이야. 이순신과 의병이 발목을 잡지 않았다면, 명나라 군대가 참전하기 전에 조선 국왕을 사로잡아 전쟁을 끝냈을 텐데 말이야. 그러고 나서 압록강을 건너, 드디어 명나라 정복에 나서는 거지.

기다려라, 이순신! 태양의 아들, 나 도요토미 히데요시가 너를 반드시 사로잡고 말 것이다!

도요토미 히데요시가 너무 흥분했나 봐. 곧 병으로 몸져누울 거면서, 자기가 태양의 아들이래. 아무튼 전쟁 초기 속수무책으로 밀리던 조선군은 바다의 이순신, 육지의 의병, 그리고 명나라 군대의 참전으로 전세를 역전시켰어. 그 후 임진왜란은 어떻게 전개됐을까?

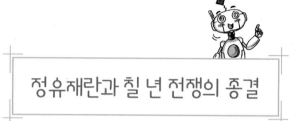

정유재란과 칠 년 전쟁의 종결

　지금까지의 상황을 축구에 비유해 보면 어떨까? 전반전 시작과 함께 일본 팀은 고니시와 가토를 최전방 공격수 삼아 한양과 평양성을 점령하면서 한 골을 넣었어. 조선 팀 대 일본 팀, 0 대 1.

　후반전에 접어들면서 조선 팀은 이순신과 의병이 공격수로 나서고 명나라에서 용병을 영입해 일본 팀을 공격! 마침내 만회골을 넣었지. 점수는 1 대 1. 그사이 세자인 광해군이 분조(환란을 맞아 임시로 나누어 설치한 또 하나의 조정)를 이끌며 아버지 선조 대신 군사를 모으고, 조선 관군의 전열을 정비해 일본군과 싸웠어.

　1592년 10월, 진주성에서 김시민이 이끄는 조선군이 열 배 가까운 일본군을 무찔러 전라도로 들어가려는 작전을 좌절시켰지. 1593년 2월에는 권율이 행주산성에서 열 배가 넘는 고니시 부대의 공격을 열 차례나 막아내며 일본군 일만여 명을 전사시켰고.

상황이 불리하게 돌아가자 일본군은 강화 협상에 나섰어. 어차피 남의 나라에 와서 죽기 살기로 싸울 필요가 없는 명나라 군대는 일본 군의 휴전 제안을 받아들였지. 임진왜란이 일어난 지 근 일 년 만의 일이야.

전반전과 후반전, 1 대 1 상황

그런데 왜 휴전 협상을 명나라와 일본이 벌였을까? 전쟁터도 조선 이요, 일본군을 맞아 싸우는 것도 조선군인데? 이건 선조의 요청으로 명나라 군대가 참전하면서 작전 지휘권을 명나라에 넘긴 탓이야.

근데 1593년 봄에 시작된 명나라와 일본 사이의 강화 협상은 사 년 만에 깨지고 말았어. 도요토미 히데요시는 조선의 남부 4도를 내놔 라, 명나라 황녀를 자신에게 시집보내라 어째라 하면서 말도 안 되는 요구를 했거든.

협상에 나섰던 명나라와 일본의 대표들이 그렇게 해 주겠다며 도요 토미를 속였지. 그런데 거짓말을 한 사실이 탄로나는 바람에 도요토 미는 화가 머리끝까지 났어. 곧 조선을 다시 정벌하겠다고 큰소리쳤 지. 문제는 이순신이었어. 아이고, 이순신을 어찌한다?

작전명 '이순신 제거'

정유재란 직전, 일본군은 최대 걸림돌인 이순신을 제거하기 위해 이간질 작전을 짰어.

내 경쟁자인 가토가 ○○날, ○○에 상륙하니 그를 생포하시오. 그럼 전쟁은 끝날 것이오.

조선인 첩자

고니시

소문에 의하면 고니시는 경쟁자인 가토를 세상에서 제일 싫어한다고 합니다. 평소에도 사이가 나쁘기로 유명하다고⋯⋯.

이런 고급진 정보라니. 당장 이순신에게 출격을 명하라!

선조

이것은 필시 조선 수군을 유인해 위험에 빠뜨리려는 계략일 것이다. 출격 불가!

에헤헤헤, 진짜 정보인 줄도 모르고. ㅋㅋㅋ 드디어 미끼를 물었군.

불 가

ㅋㅋㅋ

이순신

뭐야? 가토가 상륙하는 데 이순신이 출격을 안 했다고? 내 이자를 당장!

드디어 이순신이 목숨 바쳐 충성하던 제 임금 손에 죽는구나.

음하하하⋯

도요토미

화르르르-

일본군이 추진한 이순신 제거 작전은 성공적이었어. 일본군이 부러 흘린 정보를 믿지 않은 이순신은 출격하지 않았고, 고니시가 말한 대로 가토는 부산에 멀쩡하게 상륙했지. 화가 난 선조는 왕명을 거역한 이순신을 한양으로 압송해 감옥에 처넣었어. 그러고는 수차례 고문을 한 뒤 처형하려 했지. 만약 정탁 같은 대신들이 나서서 적극적으로 말리지 않았다면, 선조는 정말 이순신을 죽였을지도 몰라.

동지일까, 원수일까? 이순신과 원균

유성룡의 추천으로 이순신이 전라도 수군절도사로 임명되었을 때, 경상도 쪽 수군을 통솔하는 수군절도사는 원균이었다. 관직은 같은데 나이는 이순신보다 많은 원균……. 그는 평소에 이순신을 어떻게 생각했을까?

왜군과의 첫 해전 이후 이순신이 승승장구하자, 선조는 이순신을 삼도수군통제사에 임명한다. 경상도, 전라도, 충청도 세 도의 수군을 모두 총괄하는 수군 최고 관직에 오른 셈. 그러자 원균은 이에 불복하다가 충청도 병마절도사로 좌천당하고 만다. 원균이 이순신을 시기 어린 '경쟁자'로 바라보았다는 증거라고 할 수 있겠다.

그럼 이순신은 원균을 어떻게 바라보았을까? 이순신이 쓴 《난중일기》에 원균은 상당히 자주 등장한다. 물론 수십 회에 달하는 원균에 대한 언급 대부분이 강하게(?) 비판하는 내용인데, 심지어 어떤 날에는 '음흉하고 시기에 가득 차 있다.'는 비난까지 서슴지 않고 있다. 이순신 역시 원균을 동료라기보다는 조선 수군을 망치는 기피 인물로 생각했던 듯하다.

이 같은 두 사람의 엇박자는 이순신이 모략을 당해 백의종군하면서 극에 달한다. 이순신을 대신해 삼도수군통제사가 된 원균이 칠천량 해전에서 왜군에 패해 전사하자, 이에 놀란 선조는 이순신을 다시 통제사로 임명한다. '사람 하는 일이 다 그렇지, 뭐. 좀 이해해 주시오.'라는 식의 얼버무리는 조서와 함께였다. 선조의 총애를 받던 원균이 남긴 건, 160척에 달하던 조선 수군의 함선 중 고작 12척이 전부였다. 어쩌면 두 사람은 원수보다도 못한 사이가 아니었을까?

그래도 분이 풀리지 않았는지, 선조는 이순신의 계급장을 떼서 원균에게 주었어. 근데 이순신 대신 삼도수군통제사로 부임한 원균은 군사 훈련도 안 하고 막사에서 술이나 마시는 바람에 부하들의 원망을 들었다지. 그러던 1597년 7월, 선조로부터 일본군을 공격하라는 명령을 받고 출전한 원균은 칠천량 해전에서 대패해 전사하고 말았어.

칠천량 해전의 패배는 임진왜란과 정유재란을 통틀어 가장 뼈아픈 결과였지. 백 척이 넘는 조선의 판옥선이 파괴되고, 병사 일만여 명이 전사해 조선 수군이 궤멸되다시피 했으니까. 이순신은 백의종군(벼슬 없이 전쟁에 참여하는 걸 일컫는 말)하여 남해로 내려가던 중, 칠천량에서의 패배 소식을 전해 들었어. 하늘이 무너지는 것 같았겠지?

풍전등화라는 말로도 부족한 위기 상황

임진왜란 때 한 번도 뚫리지 않았던 남해안이 일본군 수중에 넘어가고, 섬진강을 따라 올라온 일본군은 전라도 일대를 휘젓고 다니며 우리 백성들을 학살했어. 백성들의 코와 귀를 마구 베어 주머니에 채워 넣었다나? 베어 간 코 개수만큼 상 받을 걸 기대하면서 말이야. 나라가 그만큼 끔찍한 위기 상황에 처한 거야.

그러자 이번에도 이순신이 나섰어. 이때 역사에 길이 남을 유명한 말을 남겼지.

"신에게는 아직 열두 척의 배가 있나이다."

1597년 9월, 이순신은 칠천량 해전에서 배설 장군이 몰고 도망친 판옥선 열두 척에 한 척을 더해, 도합 열세 척의 배를 진도와 해남 사이의 울돌목에 배치했어. 그곳을 지나 서해로 북상하려는 일본 함대를 막기 위해서였지. 일본군은 기세 좋게 좁다란 울돌목 해협으로 밀려왔어. 자신감에 넘쳤겠지. 제아무리 난다 긴다 하는 이순신이라도 고작 배 열세 척으로 뭘 할 수 있겠어?

일본 함대를 기다리고 있던 이순신은 밀물에서 썰물로 물때가 바뀌자 공격 명령을 내렸어. 물론 바다를 뒤덮은 일본 함대의 기세에 눌려, 처음에는 이순신의 대장선 외에는 움직이려 하지 않았지. 하지만 대장선의 활약과 이순신의 독려에 힘입어 조선군 함선에서 화포가 불을 뿜기 시작했어. 결국 일본군 전함 133척 중에서 백여 척이 파괴되었고, 천여 명이 넘는 일본군이 전사했어. 일본군은 열 배가 넘는 전력으로도 결국 이순신을 넘지 못했지.

밀물과 썰물의 때를 알고 전술에 활용한 이순신뿐 아니라 죽기를 각오하고 싸운 병사들, 그리고 이순신의 승리를 응원한 백성들 덕분에 거둔 무엇보다 값진 승리였어.

칠 년 전쟁에 마침표를 찍은 노량 해전

명량 해전에서 이순신에게 호되게 당한 일본군은 왜성으로 들어갔어. 왜성은 일본군이 경상도와 전라도 해안가에 쌓은 성이야. 조선군은 명의 육군, 수군과 함께 왜성 공격에 나섰어. 그런데 조명 연합군이 왜성을 공격하며 일본군을 몰아내기 위해 싸우던 중 도요토미 히데요시가 병으로 죽었다는 소식이 전해졌어.

최고 지도자를 잃은 일본군은 더 이상 전쟁을 할 이유가 없었어. 일본군은 철수하라는 명령에 따라 일본으로 돌아갈 채비를 했지. 명나라는 일본군을 돌려보내고 적당히 전쟁을 끝내려 했어. 하지만 이순신이 단호하게 반대했어.

"조선을 침입한 왜적은 한 사람도 살려 보낼 수 없소!"

1598년 11월, 임진왜란과 정유재란을 통틀어 가장 큰 규모의 해전이 노량 앞바다에서 펼쳐졌어. 해가 뜨지 않은 캄캄한 새벽, 이순신은 함대를 몰고 노량 앞바다에서 도망치는 일본군 함선을 향해 화포와 불화살을 퍼부었지. 불에 탄 일본군 함선으로 새벽 바다가 훤히 밝아지고, 일본군의 비명 소리가 파도 소리를 뒤덮었어. 그러던 중 이순신은 일본군 함대에 포위된 명나라 제독 진린을 구출하기 위해 돌진하다 어디선가 날아온 탄환을 맞아 쓰러지고 말았지.

"지금은 싸움이 급하니 내 죽음을 적에게 알리지 말라."

11월 19일, 이순신은 이 말을 남기고 숨을 거두었어. 그러는 사이, 노량 앞바다를 빠져나간 일본 함선들은 꽁무니를 빼며 남쪽으로 남쪽으로 달아났지.

임진왜란 슈퍼스타 선발전

임진왜란과 정유재란, 도합 칠 년에 걸친 전쟁이 모두 끝났어. 조선은 총 삼십만 명에 달하는 일본군의 침략을 물리치고 전쟁을 승리로 이끌었어. 일본군을 물리친 데는 누구보다 전투를 승리로 이끈 장수들의 힘이 컸을 거야. 그래서 일본군을 물리친 장수 중 최고의 명장은 누군지 가려 보기로 했지. 이름하여 '임진왜란 슈퍼스타 선발전'!

많은 사람이 다양한 이유로 장수들을 추천했는데, 추천을 받은 수십 명 중에서 결선에 오른 장수는 다음과 같아.

1. 이순신   2. 김시민   3. 곽재우   4. 정기룡   5. 사야카

지금부터 장수를 추천한 사람들이 나와서 왜 추천을 했는지, 주요 활약이 무엇인지 소개할 거야. 잘 듣고 점수를 매겨 봐.

기호 1번 : 23전 23승, 불멸의 명장 이순신

나는 일본군 장수 와키자카 야스하루요. 적국의 장수지만 내가 아는 지구 최강의 명장이기에 기꺼이 추천하러 나오게 되었소.

어디 보자……, 내가 이순신 장군을 처음 만난 건 1592년 7월에 한산도 앞바다였소. 우리는 이때 이순신 장군이 이끄는 조선 수군에 전함 47척이 격침되고 12척이 나포되어 끌려가는 바람에 폭망하고 말았소. 일본군 전사자만 육천 명이 넘었지요. 그 때문에 우리 일본군의 수륙 병진 작전은 개박살이 나고, 나는 두려움에 떨며 몇 날 며칠을 아무것도 먹지 못하고 해초로 연명하다 겨우 살아남았소.

그러다 명량 해전에서 복수할 기회를 얻었는데, 열 배가 넘는 우리 일본 수군이 또다시 이순신 장군에게 당했지 뭐요. 내가 제일 두려워 하는 사람이 이순신 장군이고, 가장 미워하는 사람도 이순신 장군이 고, 가장 죽이고 싶은 사람도 이순신 장군이오. 그리고 내가 가장 좋아하는 사람도 이순신 장군이고, 가장 차를 함께 마시고 싶은 사람도 이순신 장군이오.

23전 23승 신화의 주인공, 세계 해전사에 길이 빛나는 제독은 오로지 이순신 장군뿐이라오.

지구 최강 해군 제독, 한산 대첩의 영웅, 도요토미의 침략 야욕을 물리친 조선 최고의 장수!

— 와키자카

기호 2번 : 진주 대첩을 이끈 영웅, 명장 김시민

이름부터 밝히라고요? 아, 끝까지 이름을 안 밝히려 했건만……. 난 전쟁이 일어나지 않을 거라고 선조 임금에게 보고해 후손들에게까지 욕을 바가지로 먹고 있는 김성일이오. 나는 그때의 실수를 만회하고자 전장을 돌며 군사를 독려하는 초유사로서 경상도에서 활약했소. 그때 내가 발굴한 인물이 바로 김시민 장군이오.

바다에서 이순신 장군에게 연전연패를 당한 왜군은 육로로 전라도를 침략해 군량을 조달한다는 새로운 작전을 세웠소. 경상도에서 전라도로 가는 마지막 관문은 진주였소. 1592년 10월, 왜군 삼만 명이 새까맣게 진주성으로 몰려들었소. 진주 목사 김시민 장군은 고을 주민들을 성 안으로 불러 모은 뒤, 화약과 화포를 만들어 왜군에 대항했소.

일본군이 일주일 동안 조총을 쏘아대며 진주성을 공격했지만 결사 항전 자세로 일본군을 물리쳤지요. 진주 대첩은 조선군이 성을 지키는 전투에서 승리한 최초의 전투였소. 김시민 장군의 뛰어난 지휘력 덕분이었지요. 김시민 장군의 진주 대첩으로 조선은 전라도로 침입하려는 왜군을 막아내고, 군량을 조달하려는 계획도 박살낼 수 있었소.

진주 대첩에서 열 배가 넘는 왜군을 물리친 장수이자 조선 관군 최초의 승리를 이끈 지휘관, 그리고 아쉽게 전사한 명장!

김성일

기호 3번 : 최초의 의병장, 홍의 장군 곽재우

나는 곽재우 장군 휘하에서 장군님과 함께 끝까지 싸운 의병이오.
곽재우 장군은 임진왜란 때 최초로 의병을 일으키셨소. 의병을 일으
켰을 뿐만 아니라, 의병이 나선 최초의 전투인 정암진 전투에서 승리
를 거두었지요.

장군은 유격전과 분신술의 달인이셨소. 의병은 비록 무기가 형편없
지만 지형은 누구보다 잘 안다는 장점이 있소. 장군은 이 점을 활용해
기습 작전으로 적을 당황하게 만들었지요. 심지어 부하에게 자기처럼
붉은 옷을 입히고 동에 번쩍 서에 번쩍 하는 것처럼 꾸며 왜군을 혼란
에 빠뜨리기도 했소.

장군의 활약이 널리 알려지면서 충청도, 경상도, 전라도, 함경도 등
에서 수많은 의병이 일어났소. 앞서 김시민 장군의 진주 대첩을 말씀
하셨는데, 곽재우 장군도 그때 진주성 밖에서 적을 혼란에 빠뜨리는
작전을 펼쳐 진주성 전투 승리에 한몫하셨지요. 임진왜란 하면 의병,
의병 하면 홍의 장군 곽재우, 뭔 말이 더 필요하겠소. 강추!

최초로 의병을 일으킨 의병장,
다른 지역 의병 운동을
촉발한 의병장의 원조!

의병

기호 4번 : 60전 60승, 돌격 대장 정기룡

경상우도 방어사 조경이라 하오. 나는 내 부하인 돌격 대장 정기룡 장군을 임진왜란 최고의 장수로 추천하는 바이오. '바다에는 이순신, 육지에는 정기룡'이라는 말을 들어 보셨는지? 정기룡 장군은 육지에서 이순신 장군에 견줄 만한 활약을 펼쳤소. 맞다, 정기룡 장군이 이순신 장군보다 뛰어난 점도 있소! 이순신 장군은 23전 23승인데, 정기룡 장군은 60전 60승이라는 점이오.

정기룡 장군은 수많은 전투에서 모두 승리한 유일한 장수요. 김시민 장군이 진주성을 지켰다지만 정기룡 장군은 빼앗긴 상주성을 되찾기까지 했소. 그의 진가는 돌격전에서 빛이 난다오. 내가 금산에서 적에게 사로잡혔을 때 정기룡 장군이 혈혈단신 말을 타고 달려와 왜군 십수 명의 목을 베고 나를 구출한 일도 있었소.

내 단언컨대, 정기룡 장군과 비교할 조선의 장수는 없소. 군민도 얼마나 잘 다스렸는지, 그가 상주 목사로 있을 때 백성들이 다른 사또 다 필요 없고 정기룡 장군만 있게 해 달라고 청원할 정도였지요. 장수로서 수령으로서, 이만한 인물이 조선에 또 있을지?

바다에 이순신이 있다면, 육지에는 정기룡이 있다! 삼국지의 조자룡에 견줄 만한 실력파 장수.

조경

기호 5번 : 조총의 달인, 항왜 장수 사야카

나는 경상도 병마절도사 박진이오. 23전이니 60전이니, 자꾸만 숫자로 이야기하는데······, 여기 무려 78회 전투에 참여해 공을 세운 장수가 있소. 바로 조선에 투항한 일본 장수 사야카요. 사야카는 임진왜란이 터지고 얼마 안 되었을 때 경상도 병마절도사인 나에게 왜군 삼천 명을 이끌고 투항했소. 그러니까 항왜 장수이지요.

그런데 사야카는 단순한 항왜 장수가 아니었소. 조총을 만드는 기술이 뛰어났을 뿐 아니라, 조총 사격술에도 능해 조선 군대에 조총 제조 기술과 발사 기술을 가르친 보물과 같은 인물이지요. 생각해 보시오. 임진왜란 초기, 조선군이 왜군의 조총에 얼마나 당했소? 헌데 사야카 같은 항왜 출신들이 조총 기술을 전수해 준 덕에, 전쟁이 일어난 지 일 년이 지나면서부터 우리도 조총을 사용하게 된 거요.

사야카는 곽재우 장군과도 연합 작전을 펼쳤고, 이순신 장군과도 교류하며 조총 기술을 알려 주었소. 따라서 나는 사야카, 아니 조선 사람 김충선을 임진왜란 최고의 장수로 추천하는 바이오.

왜군 삼천 명을 이끌고 조선군에 투항,
조총 제조 기술과 사격술 가르친 은인.
훗날 병자호란에도
참전한 충신 중에 충신!

박진

임진왜란 최고의 슈퍼스타 장수는?

각 후보자들을 위한 추천 연설을 들어 봤는데 너희 생각은 어때? 누가 일본군을 물리치는 데 가장 큰 공을 세운 장수이자, 조선군의 슈퍼스타일까?

짜잔, 결과는 이.순.신. 장군!

너무 뻔하다고? 뭐, 워낙에 신화적인 전공을 올린 터라 어쩔 수 없지 뭐야. 이순신은 한산 대첩, 명량 대첩, 노량 대첩에 승리해 일본군의 수륙 병진 작전을 완벽하게 좌절시킨 데에서 누구보다 높은 점수를 받았어.

권투 선수 중에서 전설의 핵주먹으로 유명한 마이크 타이슨은 이런 말을 했지.

"누구나 계획을 갖고 있다, 얼굴에 펀치를 맞기 전까지는."

세상일이란 게, 직접 겪게 되면 자기 마음먹은 대로만 되지 않는다는 뜻이야. 도요토미 히데요시도 이순신이 날린 강편치를 얼굴에 맞기 전에는 명나라까지 손쉽게 정복할 줄 알았겠지. 그렇지만 결국엔 뜻을 이루지 못했지 뭐야.

노량 해전에서 이순신과 함께 연합 작전을 펼쳤던 명나라 제독 진린은 이순신을 가리켜 '제갈량 못지않은 장수'라며 추켜세웠어.

"하늘의 뜻을 받들어 백성을 바르게 경영하는 재주가 있다."

그러니까 전략이 뛰어나기도 했지만, 전투가 없을 때에는 백성들과 병사들을 잘 보살폈다는 얘기지.

또 1905년에 러일 전쟁을 승리로 이끈 일본 해군의 도고 제독은 이렇게 말했어.

"나를 나폴레옹 함대를 격파한 영국의 넬슨 제독과 비교하는 건 괜찮지만, 이순신 장군과 비교하는 건 감당할 수 없다. 이순신 장군은 나에게 신과 같은 존재다."

다른 나라 해군 제독들의 평가도 이순신을 최고의 장수로 뽑는 데 큰 영향을 미쳤다는 점을 밝히면서, 임진왜란 슈퍼스타 선발전을 마치도록 할게.

조선군 비밀 병기 사용 설명서

군사들이 아무리 용감해도 무기가 훌륭하지 않으면 전투에서 승리하기 어렵겠지. 나무 몽둥이를 들고서 총을 쏘는 병사에게 이길 순 없는 노릇이니까. 그래서 이번엔 임진왜란을 승리로 이끈 조선군의 비밀 병기를 소개하려고 해. 이름하여 조선군의 '비밀 병기 사용 설명서'.

먼저 이순신과 떼려야 뗄 수 없는 거북선부터 소개할게. 이순신이 모든 해전에서 승리할 수 있었던 건, 치밀한 전략도 한몫했지만 우수한 화포를 활용했기 때문이기도 해. 그리고 일본군이 예상치 못했던 조선 수군의 비밀 병기, 바로 '거북선' 덕분이기도 하지. 거북선, 대체 너는 누구냐?

돌격! 바다 위의 탱크, 거북선

나는 바다의 탱크, 불을 뿜는 거북선입니다. 탱크가 어떤 역할을 하는지 아시죠? 앞을 가로막는 철책이든, 깊이 팬 웅덩이든 그냥 무시하고 앞으로 돌진하는 돌격 대장이잖아요. 거북선은 바다의 탱크예요. 왜냐고요?

내 생김새를 한 번쯤은 본 적 있으시죠? 거대한 판옥선에 거북이 등짝 모양의 나무판을 덮고, 그 위에 철침과 칼을 꽂아 누구도 접근할 수 없게 만들었죠. 마치 탱크처럼 탄탄하게 생겼잖아요. 일본군이 제일 잘하는 게 배를 가까이 붙이고 적의 배 위에 기어 올라 칼로 싸우는 건데, 이게 거북선한테는 안 통해요. 기어 올라왔다간 똥침을 맞고 바다에 굴러떨어질 테니까요. 덕분에 거북선은 상대가 올라탈 걱정은 하지 않은 채, 적진 속으로 돌격한 뒤 적의 함선을 좌충우돌 들이받아요.

나는 길이가 26~28미터, 높이 6~6.5미터나 돼요. 맨 아래 지하층에서는 격군들이 열심히 노를 젓고요, 그 위층 양옆에는 친자총통, 지자총통 같은 화포를 장착해 적진 속으로 들어가 대포를 발사하죠. 배의 앞머리는 용머리처럼 만들어서 아가리 부분으로 화포를 발사하는데, 아가리에서 포탄이 발사되다 보니 거북선이 불을 뿜는다는 오해를 받기도 하죠.

사실 나를 만든 사람은 이순신 장군이 아니에요. 이순신 장군의 부하였던 나대용이 만들었지요. 내가 임진왜란 중 처음 모습을 보인 전투는 사천 해전이에요. 그 뒤 한산 대첩에서 큰 활약을 펼쳤죠. 어떤

활약을 펼쳤냐고요? 이날 침몰시킨 배만 66척이 넘는다고 하면 감이 좀 오시려나?

다연발 로켓 화살, 신기전

나는 16세기에 만들어진 로켓 화살인 신기전입니다. 사오백 년 전에 이미 로켓을 닮은 화살이 있었다는 게 신기하죠? 그러니까 내 이름이 신기전이죠. 이름을 풀어 보면 귀신 신(神), 기계 기(機), 화살 전(箭)이에요. 어떻게 발사하는지 궁금하다고요? 나는 화살 앞부분에 화약통을 매달고 그 화약통에 불을 붙이면 화약이 폭발하는 힘으로 발사해요.

중요한 건 사수가 한 발씩 쏘는 게 아니라, 화차라는 발사대에 100발에서 200발까지 장전한 뒤 한 번에 발사하는 다연발 로켓 화살이라는 사실이죠. 상상해 보세요! 불이 붙은 화살 200발이 동시에 하늘을 날아가는 모습을. 거기에 신기전 몇 대가 모이면 어떻겠어요? 어찌 보면 밤하늘의 폭죽처럼 보일 수도 있겠네요. 하지만 이게 일본군 머리 위로 떨어지면 폭죽이 아니라 죽음이죠.

나는 소신기전, 중신기전, 대신기전, 그리고 산화신기전 네 종류가 있어요. 소신기전은 화차에 장전해서 동시에 쏘고요, 중신기전이나 대신기전은 따로따로 쏘아요. 산화신기전은 이중 폭발 장치가 돼 있어서 화약의 힘으로 날아간 뒤, 다시 한 번 폭발하면서 작은 화살 여러 개를 동시에 발사하는 신기전입니다.

소신기전은 제4대 임금인 세종 시절 박강이 만들었어요. 길이는 110센티미터고요, 400미터까지 날아가는데 유효 사거리는 150미터

정도예요. 화약이 폭발하는 힘으로 날아가다 보니 쇠로 만든 철판을 뚫을 정도로 힘이 세답니다. 여러분 혹시 김시민 장군의 진주 대첩이나 권율 장군의 행주 대첩에서 어떻게 열 배가 넘는 일본군을 물리쳤는지 궁금하지 않나요? 일당백, 바로 나 신기전 덕분이라고요!

휴대용 개인 소총, 승자총통

여러분, 임진왜란 초 조선군이 일본군 조총의 위력에 맥없이 당한 거 아시죠? 그러다 얼마 뒤부터 전세가 역전되었다는 사실도요. 전세 역전의 중심에 바로 나, 승자총통이 있습니다.

총통하면 뭐가 떠오르나요? 천지현황의 이름을 붙인 천자총통, 지자총통, 현자총통, 황자총통 같은 화포가 떠오르지 않나요? 내 이름이 총통인 걸 봐서 화포의 한 종류란 걸 짐작하시겠죠. 맞습니다! 화포는 화포인데 개인이 가지고 다닐 수 있는 휴대용 화포, 즉 소총과 비슷한 효력을 지닌 무기예요.

신기전과 달리 승자총통은 작은 쇠구슬을 발사하는 화포예요. 승자총통 안에 화약을 넣고 탄환 15발을 장전한 뒤 심지에 불을 붙이면 오늘날 소총과 같은 위력으로 발사되는 거죠. 선조 때 김지가 만들었고요. 700미터까지 날아가는 데 유효 사거리는 150미터쯤 됩니다.

신기전처럼 화차에 여러 대를 장착하면 동시에 수천, 수만 발까지 쏠 수 있어요. 행주 대첩에서 나 때문에 성을 기어오르던 수많은 일본

군들이 당했죠. 일본군 삼만 명 중 일만 명이 전사했으니, 내가 어느 정도 위력을 지닌 무긴지 짐작하시겠죠?

우레 소리를 내며 터지는 시한폭탄, 비격진천뢰

나는 그 이름도 우렁찬 비격진천뢰입니다. 하늘에 진동하는 우레 소리를 내며 터진다고 해서 그런 이름이 붙었죠. 대체 정체가 뭐냐고요? 폭탄은 폭탄인데 바로 '시한폭탄'입니다. 모양은 둥근 박처럼 생겼고요. 무쇠로 만든 박 안에 화약과 철 조각을 넣어서, 터질 때 철 조각이 사방으로 퍼지면서 적에게 타격을 주는 치명적인 무기예요.

나는 선조 때 이장손이 만들었고요. 무게가 20킬로그램 정도로 무거워서 주로 대완구라 불리는 대포로 발사하지요. 터지는 시간을 조절할 수 있었는데, 박 안에 있는 심지를 많이 감으면 늦게 터지고 조금 감으면 빨리 터져요. 그래서 시한폭탄이라고 하는 거예요.

경주성을 탈환할 때 성 안으로 비격진천뢰를 날려 보내자, 일본군들이 이게 뭔가 하고 이리 굴리고 저리 굴리다 폭발하는 바람에 일본군 스무 명이 한꺼번에 죽기도 했죠. 내가 대단한 무기인 건 맞지만 일본군한테는 좀 미안하네요.

의병장 김덕령은 왜 처형되었나?

전쟁 중에 백성을 버리고 피난을 떠난 임금하면 누가 떠오르니? 그래, 선조 임금이야. 선조는 전쟁이 끝나고 나서도 백성들에게 많은 지탄을 받았어. 전쟁 중에 무책임한 행동을 한 것도 모자라, 전투에서 공을 세운 공신을 책정하는 데 의병장을 한 사람도 선정하지 않았거든.

아니, 사실 상을 받지 않아도 좋아. 의병이 상 받자고 들고일어난 건 아니잖아? 가족을 보호하고, 마을을 지키고, 나라를 위해 일어난 사람들이지.

그런데 한 의병장은 상은 고사하고 억울하게 목숨까지 잃고 말았어. 전라도 의병장 김덕령, 그에게 대체 무슨 일이 일어난 걸까?

형과 함께 의병을 일으키다

1567년에 전라도 광주에서 태어난 김덕령은 임진왜란이 일어나자마자 형과 함께 의병을 일으켜 의병장 고경명 휘하에 들어갔어. 일본군과 싸우던 중 어머니가 돌아가시자 고향에 내려가 시묘(부모님이 돌아가시면 무덤 옆에 움막을 짓고 삼 년 동안 무덤을 보살피는 일)를 살다가 다시 담양에서 의병을 일으켜 일본군과 싸웠지.

김덕령은 백성들 사이에서 명성이 높았어. 체구가 크다거나 높은 벼슬을 한 건 아니지만 용맹하다고 소문이 나 있었거든. 나중에 만들어진 이야기지만 김덕령은 어려서부터 힘이 세 호랑이를 맨손으로 때려잡았고, 백 근이 넘는 철퇴를 양 허리에 차고 다녀 일본군이 그의 초상만 보고도 기겁을 하고 도망쳤다는 전설이 널리 퍼졌지.

그 명성이 멀리 한양에까지 전해지자, 김덕령은 1594년에 세자인 광해군으로부터 익호 장군이라는 칭호를 받았어. 익호 장군이란 '날개 달린 호랑이'라는 뜻이야.

이후 휴전 협상으로 전쟁이 소강상태에 접어들자 조정은 의병을 통합해 관군에 편입시켰는데, 그때 김덕령도 같은 의병장인 곽재우와 함께 권율 장군 휘하에 들어가게 돼.

그런데, 1596년에 경상도 서부 방어선에서 일본군과 치열한 전투를 펼치던 중, 김덕령이 갑자기 체포되어 한양으로 압송당했지 뭐야. 급박한 전시에 도대체 왜?

당장 김덕령을 체포하라!

한양으로 끌려온 김덕령을 선조가 직접 국문했어.

"네가 이몽학의 역모에 가담했다던데 당장 이실직고하라!"

"사실이 아니옵니다. 오히려 소신은 이몽학의 난을 진압하기 위해 홍주성으로 가던 중 난이 평정되었다는 소식을 듣고 군대를 돌려 고향으로 내려갔습니다."

"허면, 이몽학의 난에 가담한 자의 입에서 너의 이름이 나온 까닭이 무엇이냐?"

'이몽학의 난'이란, 1596년 7월에 이몽학이란 사람이 의병을 모집한다는 구실로 군대를 모아 충청도 홍성과 인근 고을 관아를 습격한 뒤 홍주성을 공격하다 부하에게 죽임을 당한 사건이야.

왜란 중에 역모라니! 그땐 그런 일이 가끔 있었어. 전쟁이 장기화되면서 당장 먹을 식량조차 부족한 마당에 고을 관리들이 부정을 일삼아 백성들의 삶이 한없이 궁핍해지자, 몇몇 의병들이 왜군이 아닌 부패한 조선 관리에게 칼끝을 돌리는 사건이 발생하기도 했지. 이몽학의 난도 그런 반란 가운데 하나였어. 그런데 이게 무슨 일이래? 붙잡힌 자에게서 김덕령이 그 반란에 가담했다는 진술이 나온 거야.

김덕령은 자신에게 덧씌운 역모 혐의를 강하게 부정했지. 하지만 선조는 믿으려 하지 않았어. 오히려 여섯 차례나 김덕령을 국문하며 주리를 틀었고, 심하게 곤장을 치는 바람에 김덕령은 거의 죽음 직전에 이르렀지.

상은 못 줄망정 억울한 죽음이라니!

모진 고문을 당하면서도 끝까지 무죄를 주장하던 김덕령은 곧 자포자기 상태에 이르렀어.

"나라에 공을 세운 바 없으니 내 그냥 죽겠소!"

이렇게 말할 정도였다고 해. 결국 김덕령은 만신창이가 된 몸으로 감옥에 갇혔다가 얼마 뒤에 숨을 거두고 말았어.

누구나 김덕령이 이몽학의 난과 관련 없다는 걸 알 텐데, 선조는 왜 굳이 김덕령을 죽이려고 한 걸까? 사실 선조에게 의병은 양날의 검이었어. 나라가 금방이라도 망할 것 같은 위기 때 분연히 들고일어난 건 한없이 고마웠지만, 전쟁이 끝난 뒤에는 언제 난을 일으킬지 모르는 위험한 존재라고 생각한 거지.

선조는 임진왜란 뒤 공을 세운 사람들에게 상을 주면서 의주까지 자신을 따라간 신하와 내시 등 86명을 공신으로 삼았어. 이들을 호성공신이라고 해. 반면에 전장에서 공을 세운 선무공신은 18명밖에 선정하지 않았지. 이들 선무공신 안에 의병은 단 한 명도 없었다나? 더 놀라운 건 칠천량 해전에서 대패해 조선 수군을 궤멸에 이르게 했던 원균을 이순신과 동급인 일등 공신에 책봉했다는 사실!

신하들이 반대하자, 원균이 패한 건 하늘이 도와주지 않아서 그런 거라는 둥, 원균만 한 장수가 없다는 둥, 이상한 소릴 해 대며 원균을 굳이굳이 두둔했지.

대체 왜 그랬을까? 원균을 삼도수군통제사로 임명한 사람이 바로

자신이니까 벌주거나 깎아내리면 스스로 잘못을 인정하는 셈이어서
그런 걸 거야. 그래 놓고도 할 말이 있다는데, 어디 한번 들어 볼까?

선조

왜군을 물리친 건 오.로.지. 명군의 힘이었다. 우리 장수들
은 적의 목을 하나도 베지 못했다. 그러니까 그게 뭐냐면,
우리가 힘을 합치고, 또, 그렇기 때문에 왜군을 물리칠 수
있다는 신념으로 나아가면…….

대체 뭐라는 건지. 김덕령이 억울한 죽음을 당하자 의병장 출신인
곽재우는 보따리를 싸서 산속으로 들어갔고, 백성들은 임금과 조정에
크게 실망하고 말았어.
그 뒤에 이어진 병자호란 때 의병이 크게 일어나지 않은 것도 김덕

령의 억울한 죽음과 결코 무관하지 않아. 나라를 위해 전 재산을 털어서 목숨 걸고 외적과 싸웠는데, 억울하게 죽임을 당하는 걸 보고서 누가 의병을 일으키려고 나서겠어?

어쨌거나 김덕령이 죽은 뒤 그 이름이 더 밝게 빛나기 시작했어. 맨손으로 호랑이를 잡은 김덕령에 대한 전설이 만들어지고, 그를 기리는 사당이 세워지고, 지금 광주광역시 중심가에는 그의 시호를 딴 충장로라는 거리가 있지.

선조는 의병장 김덕령을 죽였지만, 백성들은 마음속에서 그를 오롯이 되살려 낸 거야.

자기 지역 방어냐, 모두 모여 공격이냐!
··· 조선 시대 군사 조직과 방어 체제 ···

1592년 4월 13일, 부산에 상륙한 왜군은 파죽지세로 한양을 향해 진격한다. 이 소식을 접한 조선 조정은 발칵 뒤집혔다. 왜군을 방어할 계책을 요구하는 선조에게 한 신하가 아뢰었다.

"경상도 각 지역에 있는 병사들을 대구로 집결시키고, 여진족 소탕에 공이 큰 이일을 순변사로 파견하여 병사들을 지휘케 하소서!"

외적 침입과 같은 비상시에 각 고을 병사를 방어 요충지에 집결시킨 뒤, 중앙에서 파견한 장수가 전투를 지휘하는, 이른바 제승방략 체제에 따른 건의였다. 지휘관으로 임명된 이일은 군관들만 데리고 대구로 향한다. 하지만 대구에 집결해 있던 병사들은 잔뜩 겁을 먹은 데다 지휘관은 빨리 내려오지 않고 비까지 부슬부슬 내리자 뿔뿔이 흩어져 버린다.

그 바람에 대구에 무혈 입성한 왜군 선봉 고니시의 부대는 맹렬히 북쪽으로 진격한다. 대구가 뚫렸다는 소식을 접한 이일은 상주로 급히 방향을 돌린다. 상주 목사가 달아난 상황에서 이일은 겨우겨우 군사를 모아 방어에 나섰지만, 왜군의 공격에 무너진 뒤 충주로 달아난다. 이제 믿을 건 충주에 총 방어선을 구축한 신립뿐. 신립 역시 제승방략 체제에 따라 군사를 모은 뒤 방어에 힘을 쏟았지만 탄금대 전투에서 끝내 패하고 만다.

누가, 어디에서, 어떻게 싸울 것인가?

임진왜란 초기, 조선 군대가 고전한 원인 가운데 하나로 방어 체제를 꼽기도 한다. 조선은 왜 제승방략 체제를 방어 전략으로 삼았을까?

조선에서는 16세에서 60세의 양인 남자면 누구나 군역을 져야 했다. 관직에 있는 관리나 과거 시험 준비생은 제외. 이렇게 군대에 간 사람들은 각 군사 조직에 속하게 되는데, 조선의 군대는 크게 중앙군과 지방군, 그리고 잡색군으로 나뉘었다.

조선 전기에 중앙군은 궁궐과 수도 수비를 맡았고, 지방군은 각 진에 속한 육군과 수군 역할을 맡았다. 잡색군은 일종의 예비군으로 평상시에는 생업에 종사하다 전쟁이 일어나면 마을 방어에 투입되는, 지금으로 따지면 향토 예비군과 비슷한 조직이었다.

이렇게 모은 병사들로 어떻게 방어를 했을까? 조선의 방어 체제는 제7대 임금인 세조 시절에 만든 진관 체제를 유지하고 있었다. 각 지역에 '진'이라는 거점을 두고 외적이 침입하면 각 진의 병사들이 방어를 맡는 체제다. 예를 들어 대구와 상주, 양산 등 경상도 각 진에서 훈련을 하다가 외적이 침입하면 자기 진을 중심으로 방어전을 펼치는 것이다.

그런데 큰 전쟁 없이 평화가 이어지다 보니 점점 해이해지기 시작했다. 군대 갈 사람을 돈으로 사서 대신 세우기도 했고, 포를 받고 군역을 면제해 주는 제도가 생기기도 했다. 이런 까닭에 병사 수가 급격히 줄어들었다. 급기야 1555년에 을미왜변이 일어났을 때, 군사 체제의 허점이 여실히 드러났다. 왜구들이 전라도 해안에 상륙해 살인과 약탈을 일삼는데도 병사가 모자라 자기 지역을 방어하는 진관 체제가 크게 고전한 것이다.

부족한 병사로 방어가 약해지자, 조정에서는 이를 해결하고자 개선책을 내놓는다. 평상시에 각자 자기 지역에서 훈련을 하다가, 전쟁이 일어나면 중요 방어 요충지에 집결해 대규모 부대를 편성한 뒤 중앙에서 파견된 지휘관을 따르도록 하는 제승방략 체제를 채택한 것이다.

예를 들어, 상대가 공격해 올 때 각자 자신의 수비 범위를 철저히 지키는 게 바로 '진관 체제'다. 이때 상대가 오른쪽 마을로 공격 방향을 틀었다고 해서 도와주겠다며 달려가서는 안 된다. 자기 지역을 굳건히 지키며 적이 올 때까지 방어해야만 한다.

반면에 '제승방략 체제'는 상대방이 어느 한쪽으로 공격해 오면 주변

부산에 상륙한 일본군에 맞서는 장면을 묘사한 〈부산진순절도〉. 부산진 역시 진관 체제에서 지역을 방어하는 거점 중 하나였다. 조선 시대 화가 변박이 1760년에 그린 그림이다. ⓒ문화재청

마을에 있던 병사들이 우르르 몰려가 밀집 방어를 하는 형태다. 한마디로 벌떼 작전인 셈. 벌떼 작전은 성공하면 큰 힘이 되지만, 방어가 뚫리면 한양까지 한번에 다다르게 된다는 큰 단점이 있다.

임진왜란 초기, 조선의 정규 부대가 대구와 상주, 충주 등에서 일본군에 속수무책으로 무너지자, 더 이상 일본군을 저지할 병력이 없어서 순식간에 한양이 함락되고 만 이유가 여기에 있다.

변화하는 조선의 군사 제도

유성룡과 몇몇 신하들은 조선의 군사 조직과 방어 체제에 문제가 있다고 여겼다. 그래서 선조에게 대대적인 군사 제도 개편에 관한 건의를 올렸다. 이후 조선의 중앙군은 5군영 체제로 정비되었다. 이중에서 궁궐 수비와 수도 방어를 맡는 5군영은 전문 직업 군인들로 구성되었다. 훈련도감에 소속된 창칼을 쓰는 살(殺)수, 활을 쓰는 사(射)수, 조총과 총통을 쓰는 포(砲)수를 합해, 삼수병이라고 불렀다.

지방군 조직에도 새로운 변화가 있었다. 지방은 속오군으로 재편되었다. 속오군은 양반부터 노비까지 신분에 관계없이 가는 군대였다. 조선 전기만 해도 노비와 같은 천민은 군역을 질 수 없었다. 그런데 부족한 병사를 확보하려는 속오군 체제에서는 양반과 노비가 함께 복무해야 했다. 그러다 보니 시간이 흐르면서 양반은 속오군에서 점차 빠져나가고, 평민과 천민만 가는 군대가 되었다.

방어 체제는 임진왜란 전과 같이 진관 체제로 다시 복구되었다. 각자 지방 방어에 힘쓰라는 뜻이었으리라.

임진왜란 초, 조선군은 속수무책으로 당했다. 관군이 힘을 쓰지 못한 결과, 부산 상륙 이십여 일 만에 수도 한양을 내주고 임금은 압록강 근처 의주까지 피난을 갔다. 이는 전쟁에 대비하지 못한 임금과 신하들의 책임도 있지만, 기록된 명단에는 십오만 명에 달하는 군사가 있는데 실제로는 절반도 안 되는 처참한 수준의 병력 때문이기도 했다.

또 각 지역 병사들이 모여 중앙에서 파견한 지휘관을 기다려야 하는, 느려터진 방어 체제도 전쟁 초반 연이은 패전의 주요한 원인이 되었다.

전쟁을 좌우하는 주연급 조연, 무기
··· 세계사를 바꾼 신무기 열전 ···

임진왜란 초, 조선의 정규군이 일본군에 속수무책으로 무너진 건 듣도 보도 못한 신무기 때문이기도 했다. 일본군은 신무기인 조총을 빵빵 쏘아 대며 조선군을 공포로 몰아넣었다. 조총은 일본군이 조선군의 기선을 제압할 수 있게 만들어 준 진정한 주인공이었다.

임진왜란이 일어나기 오십여 년 전, 포르투갈 상인으로부터 입수한 총 한 자루가, 동아시아 역사를 바꾸는 결정적인 역할을 한 것이다. 그럼 조총처럼 역사에 한 획을 그은 다른 무기는 없을까?

인류는 가급적이면 더 멀리, 더 정확하게 타격하는 무기 개발에 힘써 왔다. 이런 목표 아래 발사식 무기는 활에서 시작해 총과 대포, 미사일로 발전했다. 이들 중 세계사를 바꾼 무기는 단연 '총'이라고 할 수 있다.

여러 종류의 총 가운데서도 기관총은 가장 끔찍한 힘의 불균형 상황을 만든 것으로 유명하다. 1898년, 영국인 맥심이 개발한 기관총이 아프리

조선 시대 후기에 사용된 개인용 조총. 임진왜란 이후 조선에서도 포수로 이루어진 부대를 양성할 만큼 많은 수의 조총이 보급되었다. ⓒ국립민속박물관

카 수단의 옴두르만 전투에서 사용되었다. 영국 정규군과 소총으로 무장한 이슬람 원주민 간의 전투는 반나절 만에 원주민 1만 명이 사살되면서 끝났다. 영국군 전사자는 고작 사십여 명에 불과했다. 기관총은 많은 적을 타격하는 데 최적화된 무기였다. 비행기가 발명되기 전까지는.

우리가 여행을 갈 때 주로 이용하는 비행기는 멀리서 많은 적을 공격한다는 측면에서 그동안 인류가 미처 겪어 보지 못한 피해를 남겼다. 비행기가 없을 땐 참호를 파고 장기전을 벌이는 게 가능했지만, 폭격기가 폭탄을 머리 위로 떨어뜨리기 시작하면서부터 의미가 없어졌다.

지금까지 가장 끔찍한 피해를 남긴 비행기는 미군 폭격기 B-29이다. 1945년 8월 6일 오전, 일본 히로시마 상공에 나타난 B-29가 '리틀 보이'라는 별명의 폭탄을 투하했을 때였다. 도시의 60퍼센트가 파괴되었고, 12만 명이 넘는 사람이 목숨을 잃었다. B-29 폭격기와 핵무기의 결합은 인류 역사상 가장 빠른 시간 안에 가장 많은 인원을 살상하는 신기록을 세웠다.

한편, 미사일은 지구 반대편에서 단추만 누르면 목표물을 타격할 수 있는 놀라운 무기로 진화했다. 인류는 미사일의 비행 속도와 비행 거리를 늘리는 데 온 힘을 기울였고, 바야흐로 이제는 중력을 극복하고 대기권을 오가는 수준에 이르렀다.

조총을 처음 본 조선 병사나 기관총을 처음 접한 아프리카 원주민은 우리가 미사일을 보는 것과 비슷한 공포감을 느끼지 않았을까? 신무기는 인류의 발전된 과학과 기술을 상징하는 동시에, 전쟁의 참상을 고스란히 느끼게 만드는 무서운 도구라는 두 가지 얼굴을 지니고 있는 셈이다.

임진왜란 후 오고 간 것들

휴우, 알파봇 녀석이 태업을 하는 바람에 혼자 북 치고 장구 치려니 좀 힘들군. 그래도 중간중간 '역사 정보 대방출'이라도 맡아 주니까 그게 어디야?

어쨌거나 드디어 임진왜란 마지막 해설 시간! 이번에는 임진왜란이 각 나라, 그리고 우리 생활 속에 어떤 걸 남겼는지 이야기하려고 해. 역사는 원인도 중요하지만, 결과도 그만큼 중요하니까. 먼저 임진왜란이 끝나고 난 뒤 전쟁을 치른 각 나라의 역사가 어떻게 변했는지 짚어 볼게.

자, 한 명씩 나와 주시죠.

조선과 일본의 문화 전파

임진왜란은 조선과 일본, 각국의 문화에도 큰 변화를 가져왔어. 문화는 보통 오랜 세월 동안 느리게 흘러가는 특징이 있는데, 전쟁이 나면 짧은 시간 안에 서로에게 휙휙 전파되거든.

임진왜란 때도 전쟁이라는 특수한 상황 속에서 조선과 일본 사이에 많은 문화 교류가 일어났어. 그때 오간 문화가 양국의 생활을 어떻게 변화시켰는지 퀴즈를 낼 테니까 한번 맞춰 봐. 먼저 일본으로 건너간 것 세 가지는?

1. 나는 사람입니다. 임진왜란과 정유재란 중 일본에 끌려갔습니다. 슬퍼요. 흑흑.

2. 나는 차와 술을 담는 그릇입니다. 높은 온도에서 유약을 발라 굽습니다. 앗, 뜨거워.

3. 나는 학문의 일종입니다. 무엇보다 도덕과 인격 수양을 중시하지요. 기본은 인·의·예·지·신.

다음은 일본에서 조선으로 건너온 세 가지야.

1. 나는 사람입니다. 임진왜란 때 건너왔습니다. 지금은 조선 사람이 되었습니다.

2. 나는 채소입니다. 멕시코가 원산지입니다. 좀 맵습니다. 아, 매워. 물 좀 주세요!

3. 나는 무엇일까요? 에, 풀입니다. 몸에는 안 좋지만 정신 건강에는 도움이 된다던데……. 글쎄, 정말일까요?

일본으로 건너간 것 세 가지

1번, 임진왜란 때 일본에 끌려간 사람은 누구일까? 정답은 '조선인 피로인'이야. 전쟁 때 다른 나라에 끌려간 민간인을 피로인이라고 해. 임진왜란 당시, 조선 사람 대략 십만여 명이 일본으로 끌려갔어.

일본은 전쟁이 나서 일할 수 있는 사람이 부족해지자 조선인을 잡아다 노예로 부렸지. 그것도 모자라 나가사키 항에서 포르투갈 상인에게 조선인 포로를 팔기까지 했어. 그때 팔려 간 조선인 포로가 유럽까지 흘러가기도 했대. 십만 명 중에서 조선으로 다시 돌아온 조선인은 약 육천여 명. 돌아오지 못한 포로들은 바다 건너 고국을 그리워하며 죽지 못해 살았겠지. 흑흑.

2번, 임진왜란 때 일본인으로 간 물건 중 차와 술을 담는 그릇은? 바로 '도자기'야. 일본은 임진왜란 때 조선의 도자기를 닥치는 대로 노략질했어. 뿐만 아니라 도자기 장인들까지 잡아서 포로로 끌고 갔지. 도자기와 도공을 얼마나 많이 끌고 갔던지, 어떤 학자들은 임진왜란을 도자기 전쟁이라고도 부른다니까?

그 당시 일본에선 차를 마시는 다도가 유행이었는데, 도자기를 만드는 기술이 없다 보니 조선과 중국에서 수입해 쓰는 형편이었거든. 그래서 전쟁 때 조선 도공들을 붙잡아 가서 도자기를 직접 생산하기 시작했지.

그때 끌려간 도공 중에 이삼평과 심당길이 유명해. 이삼평은 규슈의 아리타로 끌려가 백자를 만들기 시작했는데, 오늘날 아리타 도자기의 도조, 즉 도자기의 조상으로 추앙을 받고 있지. 심당길은 가고시마 사쓰마에 정착해 오늘날 사쓰마 도자기의 원조로 불려.

일본은 두 사람 덕에 도자기 후진국에서 최고 선진국으로 발전해 유럽에까지 명성을 날릴 수 있었어. 심지어 오늘날까지 이삼평과 심당길의 후손들이 도자기 제조 기술을 이어 오고 있지.

3번, 임진왜란 때 일본으로 전파된 학문은? 정답은 '성리학'이야. 임진왜란 전만 해도 일본에서는 성리학이 발달하지 못했어. 그래서 전쟁 중에 조선의 성리학 서적을 쓸어 담아 가져갔지. 아예 책을 찍을 수 있는 활자까지 가져갔다나? 특히 정유재란 때 포로로 끌려간 선비 강항은 퇴계 이황의 성리학을 일본에 전해 준 걸로 유명해.

조선으로 건너온 것 세 가지

1번, 임진왜란 때 조선으로 건너온 사람들은? 정답은 '항왜'야. 항왜는 조선에 투항한 왜군이란 뜻이야. 슈퍼스타 장수 후보에 올랐던 사야카 기억나니? 사야카가 대표적인 항왜 장수지.

임진왜란 때 투항한 항왜는 약 만 명 정도였대. 항왜들은 조선에 조총 제조 기술과 검술을 가르쳐 주었어. 이를 계기로 임진왜란 중에 훈련도감을 만들어 창과 칼을 쓰는 살수, 활을 쏘는 사수, 조총을 쏘는 포수 부대를 만드는 등 조선의 군사 제도가 크게 변화했지.

2번, 임진왜란 때 조선에 건너온 채소는? 바로 '고추'야. 고추는 임진왜란 전후로 일본에서 건너온 것으로 알려져 있어. 일본에서 왔다고 해서 처음에는 '왜겨자'라고 불렀대. 고추가 전해지기 전에는 매운 맛을 내는 데 한계가 있었는데, 고추가 전해지고 나서 음식의 맛이 다양해졌다고 해. 그 결과, 지금 우리가 먹는 빨간 김치가 탄생했지.

3번, 일본으로부터 건너온 풀은? '담배'야. 담배는 임진왜란을 통해 조선에 전해진 뒤, 빠르게 기호식품으로 자리 잡았어. 남녀노소 할 것 없이 누구나 담뱃대를 물고 뻐끔뻐끔할 정도였지. 처음에는 담배를 약초로 취급했대. 소화에 도움이 되거나 배가 아플 때 피우는 이로운 약초로 여겼다나?

그러다 남녀노소 누구나 위아래 없이 담배를 피워 대니까, 점차 아이가 어른 앞에서, 여자가 남자 앞에서, 아들이 아버지 앞에서 피우지 못하게 했대. 그런 문화가 아직도(!) 남아 있는 편이야.

전쟁이 끝난 후 지워진 것

임진왜란이 일어난 배경과 과정, 그리고 그 결과까지 알아봤어. 누가 가장 큰 공을 세운 장수인지, 어떤 무기로 왜군을 물리쳤는지 등등 교과서에서는 찾아보기 힘든 알찬 정보까지 말이야. 이제 대충 임진왜란에 대해 감이 잡히니?

그런데 말이야, 안타깝게도 아주 큰 공을 세우고 기억되지 않는 이름들이 있어. 전쟁이 끝나자마자 잊힌 사람들, 바로 '민초'야.

전쟁은 누가 해? 장수와 병사들이 하는 거라고 생각할 거야. 하지만 꼭 그렇지는 않아. 훈련받은 정예 병사들 외에, 이름도 없고 군번도 없이 최전선에서 적과 싸운 무명용사들이 있거든.

우리나라 영화 가운데 최다 관객을 동원한 〈명량〉이라는 영화 들어본 적 있니? 임진왜란의 슈퍼스타, 이순신이 명량 해전에서 일본군을 물리치는 과정을 담은 영화야. 그런데 영화 속 명량 해전이 치열하게 전개되는 장면 중, 판옥선 밑에서 열심히 노를 젓는 격군들이 이런 대사를 주고받아.

야, 우리가 이렇게 손바닥에 피가 나도록 노를 저으며 싸운 걸 후손들이 알아줄까?

당연히 후손이 알아주기를 바라서 전쟁에 참전해 노를 저은 건 아니었겠지. 그렇지만 판옥선 아래 노를 젓는 격군처럼 전문 병사도 아니면서 전쟁에 뛰어든 사람들이 참 많았어. 이순신 같은 장수가 아무리 뛰어난 전략을 짠다 한들 그 작전을 실행하는 병사들, 나아가 그보다 더 힘든 역할을 감당했던 민초들의 희생이 없었다면 조선이 일본을 물리칠 수 있었을까?

역사에는 이름난 장수만 새겨지는 경우가 많아. 노를 젓는 격군, 남의 군복무를 대신한 대립군, 스스로 일어난 의병 등의 이름이 남겨지는 경우는 거의 없지. 그러니 이번 기회에 '승리의 뒤편에는 역사가 기억해 주지 않는 무명용사들의 희생이 있었다.'는 사실을 함께 곱씹어 보자고.

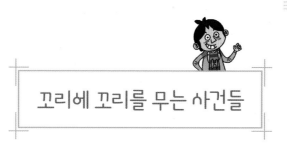

꼬리에 꼬리를 무는 사건들

"어, 알파봇! 너, 언제 왔냐? 연구실에는 두 번 다시 안 올 것처럼 그러더니. 아차차, 내 입. 그래, 나와야지. 근데 넌 여태 어디 있었던 거야? 그래도 충전은 했나 보네?"

"에휴, 말도 마세요! 박사님 잔소리를 피해서 도망을 간 데가 하필이면 임진왜란 한복판……. 아, 아니에요. 그냥 계속 옥상에 누워서 절전 모드로 있었어요. 아무튼 집 나가면 고생이죠, 뭐."

"그래? 뭔가 좀 수상한데? 왜 갑자기 철이 든 거 같지? 그나저나 이제부터 뭘 알아봐야 하나……?"

"아이참, 복잡해지니깐 또 멍해지시네. 임진왜란 뒤에 병자호란이 일어났으니, 두 전쟁 사이에 무슨 일이 있었는지 알아봐야죠."

"맞다. 그사이에 뭔가 있었으니까 두 번씩이나 전쟁을 치렀겠지. 그럼 무슨 일이 있었는지 알아볼까? 이름하여 '꼬리에 꼬리를 무는 전쟁과 전쟁 사이'!"

광해군, 임금 자리에 오르다

임진왜란 때 세자로 책봉된 후 도망가기 급급한 아버지를 대신해 난리를 수습했던 광해군 기억나지? 임진왜란이 끝나고 십 년 뒤, 드디어 광해군이 임금이 되었어! 광해군은 임금이 되고 나서 나라를 곧잘 다스렸지.

전쟁 후유증을 겪고 있는 조선을 복구하느라 할 일이 엄청 많았는데 그걸 다 해냈다니까? 황폐해진 농토를 다시 개간할 수 있도록 백성들을 격려하고, 세금 제도를 다듬었어. 불타 버린 중요한 책을 다시 펴내고, 없어진 궁궐도 새로 지었지. 그렇게 상처를 치료해 가던 중 나라 밖에서 그만 문제가 터졌어.

명나라가 군사를 요청하다

어떤 문제냐고? 이번엔 북쪽이 문제였어. 만주 지역에서 심상찮은 움직임이 일어난 거야. 임진왜란 때 명나라가 조선에 군대를 보내느라 정신없던 사이, 만주의 여진족은 누르하치라는 유능한 지도자가

나타나 갈라져 있던 부족을 모두 합치고 떡하니 나라를 세웠어.

나라 이름을 금나라라고 했는데, 오백여 년 전에 같은 여진족이 세웠던 금나라와 구분하기 위해 후금이라고 불렀지. 누르하치는 점점 힘을 키워 명나라를 공격했어. 임진왜란 뒤 급격하게 힘이 약해진 명나라를 보고 이때다 싶어서 군사를 일으켰던 거야. 위기를 느낀 명나라는 조선에 군대를 보내 달라고 요청했어. 임진왜란 때 자신들도 군대를 보냈으니까 이제 빚을 갚으라 이거지.

명나라와 후금 사이에서 요리조리

조선은 명나라에 군대를 보냈을까? 명분과 의리를 최고로 치는 조선의 사대부들은 당연히 보내야 한다고 주장했어.

"당장 군대를 보내야 합니다. 임진왜란 때 명나라가 아니었으면 조선은 망했을 겁니다. 그 은혜를 잊어서는 안 됩니다!"

하지만 광해군의 생각은 달랐어.

'명나라가 지는 해라면 후금은 뜨는 해다. 멍청하게 지는 해를 돕다가 후금의 분노를 사면 그야말로 큰일이지. 나라와 백성이 먼저고, 의리나 명분은 그다음이다.'

광해군은 이 핑계 저 핑계 대면서 명나라의 요청을 요리조리 피했어. 어느 쪽에도 서지 않고 조선의 실리를 챙기겠다는 것, 이걸 중립 외교라고 해. 무작정 가운데 서겠다는 게 아니라, 큰 나라인 명의 비위를 거스르지 않으면서 무섭게 성장 중인 후금을 살살 달랠 요량이었지. 시간이 지나자 광해군의 판단이 옳았다는 게 드러났어. 후금이 명나라를 상대로 승승장구했거든.

중립 외교를 구실로 인조반정이?

중립 외교는 나라를 지켜 주었지만 정작 임금인 광해군은 지켜 주지 못했어. 광해군은 당파 중에서 북인 세력을 관리로 뽑아 썼는데, 그때 무시당하고 밀려났던 서인 세력이 반란을 일으켜 광해군을 끌어

내렸거든. 광해군 대신 인조를 임금으로 세웠기 때문이 이 사건을 인조반정이라고 불러.

반정을 일으킨 서인 세력이 광해군을 폐한 이유는 여러 가지였어. 그중 두 가지가 가장 큰 이유였는데……. 광해군이 명나라를 배신하고 중립 외교를 편 것과 계모인 인목 대비를 서궁(지금의 덕수궁)에 가두고 이복동생인 영창 대군을 죽인 것이었어. 성리학에서는 부모 자식 간의 도리를 매우 중하게 여기는데, 계모라고는 해도 어머니인 인목 대비를 가둬 둔 건 그 당시 사대부로서 받아들이기 힘든 일이었을 거야.

명나라는 떠받들고 후금은 멀리하고

권력을 잡은 인조와 서인 세력은 명나라를 떠받들고 후금을 오랑캐라며 무시하고 배척했어. 이를 친명배금 정책이라고 해. 조선의 이런 태도에 불만을 품은 후금은 명나라 편만 드는 조선을 굴복시켜야겠다고 생각했지. 누르하치의 아들이자 훗날 청나라 태종이 되는 홍타이지가 조선 정벌을 가장 강력하게 주장했다고 해.

하지만 인조는 이런 바깥 사정을 제대로 파악하지 못했어. 오히려 변방의 군사들이 혹시라도 반란을 꾀하지나 않을까 의심해서 군사 훈련을 철저하게 감시하는 바람에, 변방의 장수들이 제대로 된 훈련을 하기가 어려웠다고 해. 인조는 나라의 안보보다 자기 권력을 지키는 데 더 급급했던 거야.

친명배금이 전쟁을 불러오다

인조와 서인 세력은 잘못된 것을 바로 세운다며 호기롭게 반정을 일으켰지만, 실제로는 별로 좋아진 게 없었어. 백성들 입장에서는 먹고살기 힘든 건 여전한데, 엎친 데 덮친 격으로 후금이 쳐들어올지도 모른다는 불안감에 시달려야만 했거든.

'명나라도 꼼짝 못 한다는데 후금이 쳐들어오기라도 하면 어쩌지?' 하는 걱정이었겠지.

하지만 인조는 그런 걱정조차 하지 않았던가 봐. '오랑캐들이 설마 쳐들어오겠어?' 하는 착각에다 '여차하면 강화도로 대피하지 뭐.'라고 무책임한 생각만 했던 모양이야.

인조반정으로 나라가 좋아질 줄 알았다가 더 나빠지기만 하자, 어떤 관리는 이런 상소를 올렸대.

"쫓겨난 광해군이 죽기도 전에 나라가 먼저 망하겠습니다!"

따지고 보면 광해군이 더 낫다는 뜻 아니겠어? 이런 걱정은 곧 현실이 되었어. 임진왜란이 끝난 지 삼십 년이 채 되지 않은 1627년, 후금 군대의 말발굽 소리가 압록강 건너에서 들려온 거야.

청나라 건국의 주역, 누르하치와 홍타이지

임진왜란으로 조선과 명나라가 한창 골머리를 앓고 있던 사이, 누르하치라는 부족장이 등장해 만주 지역에 흩어져 살던 여진족을 통합했다. 점차 세력을 확대하던 누르하치는 1616년, 나라 이름을 '금(후금)'이라 하고 스스로 황제의 자리에 올랐다. 청나라 태조로 불리는 누르하치는 중국 대륙, 즉 중원을 차지하겠다는 일념으로 술마저 끊은 뒤 평생 절제하는 생활을 했고, 비상한 머리와 과감한 결단력으로 후금을 이끌었다. 누르하치는 수많은 전투에서 승리했지만, 명나라와의 전투 중에 얻은 부상으로 중원을 차지하겠다는 소원을 이루지 못하고 죽었다.

그 뒤를 이은 누르하치의 여덟 번째 아들 홍타이지는 몽골족을 복속시키고 나라의 기반을 안정시킨 후, 나라 이름을 후금에서 '청'으로, 여진족은 '만주족'으로 고쳐 부르도록 했다. 병자호란을 일으켜 조선을 굴복시킨 사람이 바로 청나라 제2대 황제인 홍타이지이다. 홍타이지 역시 중원은 차지하지 못하고 그 꿈은 그의 아들에게로 이어졌다.

정묘년, 후금이 압록강을 건너다

"따그닥, 따그닥, 따그닥, 따그닥."

1627년 1월 압록강이 꽁꽁 얼어붙은 어느 날, 말 달리는 소리가 조선 땅을 뒤흔들었어. 변방을 지키던 장수가 급히 전갈을 보내왔지.

이때 인조는 무엇을 하고 있었을까? 사실 인조는 정신이 없었어. 삼 년 전에 함께 반정을 일으켰던 공신 중 한 명인 이괄이 평안도에서 난을 일으켰거든. 이괄에게 도성인 한양을 빼앗기는 바람에 인조는 충청도 공주까지 피난을 가야 했지. 그 후 어찌어찌해서 반란을 진압했지만, 인조는 나라 밖 일에 신경 쓰기는커녕 군사 훈련을 견제하기에 급급했어. 이런 상황에서 무시무시한 전갈이 왔네?

장수

홍타이지의 군대가 압록강을 건넜음!

홍타이지가 뭔데?

인조

장수

이것, 참. 후금의 새 황제 이름임.

걔가 왜 압록강을 건너?

인조

장수

조선을 침략한 거임. 어림잡아 3만 6천 명 정도?

우리가 뭘 어쨌다고 쳐들어와?

인조

장수

명나라를 왜 돕냐며 버르장머리를 고치겠다고…….

그럼 부모의 나라를 돕지, 오랑캐를 도와?

인조

장수

그건 모르겠고, 자기들은 오랑캐가 아니라 함.

그건 나중에 따지고, 아무튼 네가 좀 막아 봐.

인조

벌써 지나갔는데? 달리는 속도가 빠름~, 빠름~.

장수

그걸 왜 이제 말해? 그럼 난 강화도로 얼른 뜰래.

인조

인조가 대화방에서 나갔습니다.

인조, 강화도로 피난 가다

인조와 관리들은 황급히 강화도로 향했어. 그게 유일한 대책이라고 생각했던가 봐.

"전하, 후금의 오랑캐들은 말만 잘 탈 뿐 물에는 무지 약합니다. 강화도에는 절대 못 들어옵니다. 안심하소서."

"그러길 바라야지. 그런데 왜 갑자기 쳐들어왔대? 대체 우리가 뭘 잘못했다고?"

"제가 급히 알아보니까요. 그사이 후금을 세운 누르하치가 죽고 그 아들 홍타이지가 황제에 올랐나 봅니다. 홍타이지는 왕자 시절부터 조선을 쳐야한다고 주장하던 사람이니, 미리미리 조심했어야 했는데……."

상황 파악이 전혀 안 되는 인조와 관리들은 그제야 후금에 대한 정보를 주섬주섬 모으기 시작했어. 그런데 가장 큰 화근은 조선이 아니라 모문룡이라는 명나라 장수였다나?

"광해군 때 명나라의 장수 모문룡이 조선과 명나라, 후금 사이에 있는 가도(지금의 평안북도 철산군에 속한 섬)라는 작은 섬으로 자기 부하들을 이끌고 들어온 거 알고 계시지요?"

"당연히 알지. 후금의 공격을 받고선 지키던 요동성을 버리고 넘어왔잖아. 가지고 들어온 무기도 많고 군사들도 꽤 되어서 세력이 상당하다던데? 명나라 조정에 나에 대해서 잘 말해 준다고 그러길래, 원하는 건 다 들어주라고 했던 기억이 나는데?"

"그게 문제입니다. 섬 밖으로 나가지도 못하면서 자꾸 후금을 치겠다며 간죽대다가 비위를 거슬렀나 봅니다. 그런 자를 우리가 성심성의껏 도왔으니 지금 후금이 완전히 화가 나서……."

강화도까지 왔지만 임금이 할 수 있는 건 없었어. 후금 군대가 원하는 걸 모두 들어주고 돌아가게 할지, 섬에서 버티며 끝까지 싸울지 결정하는 수밖에. 문제는 나라가 망할 지경인데도 오랑캐에게 절대로 머리를 숙일 수 없다고 주장하는 신하들이 대부분이었다는 거야. 물론 이들에게 맞서는 의견도 있었어.

"우리 조선은 후금에 비해 절대적으로 힘이 약합니다. 여기서 버티면 나라가 망합니다. 일단 돌려보내고 대책을 세워야 합니다."

후금과 화친을 맺자는 주장을 '주화론'이라고 해. 그렇지만 주화론을 주장하는 사람들은 몇 안 되고, 후금을 배척하는 '척화론'을 주장하는 사람들이 대부분이었지.

임금과 조정의 관리들이 척화니 주화니 하며 입씨름을 벌이고 있을 때, 강화도 밖에선 무슨 일이 벌어지고 있었을까?

외롭고 힘든 싸움을 벌이는 조선군

조선군은 훈련이 되어 있지 않아서 후금의 군대와 제대로 싸워 보지도 못하고 패했어. 임진왜란 때처럼 의병이라도 곳곳에서 일어났으면 좋으련만, 임진왜란 후 임금이 의병을 푸대접하는 걸 보았기에 적극적으로 나서려는 사람이 없었어. 결국 온 나라가 후금의 말발굽에 짓밟혔고, 수많은 백성들이 죽거나 포로로 붙잡혔지.

그래도 이 위기에 온몸으로 맞서 싸운 장수가 있긴 했어. 후금은 한양으로 가는 길목에 있는 안주성이 거치적거리자 성을 아예 포위했어. 안주성을 책임지던 양이홍은 거듭되는 후금의 항복 회유에도 넘어가지 않고 용감하게 맞서 싸웠지.

싸우고 또 싸우다 양이홍은 마지막을 예감한 듯 성문을 열었어. 그리곤 후금의 군사들을 어디론가 유인했지. 폭약이 쌓여 있는 창고였어. 후금의 군대가 원하는 만큼 가까이 다가오자 폭약에 불을 붙였다나? 이 폭발로 수많은 후금의 군사들이 죽었고, 폭약에 불을 붙인 양이홍도 장렬하게 전사했지.

후금군의 총사령관인 아민조차도 전사한 양이홍을 위해 고개를 숙였다고 해. 더 놀라운 사실은 양이홍의 아버지도 외적과 싸우다 세상을 떠났다는 거야. 이순신 장군이 싸우다 전사했던 노량 해전 기억나? 양이홍 아버지는 그때 왜군과 싸우다가 전사했어. 아버지는 임진왜란 때 아들은 정묘호란 때, 나란히 나라를 위해 싸우다 죽은 셈이지. 나라를 위해 희생하는 충신의 유전자가 있었던 걸까?

의병들의 활약도 조금은 있었어. 임진왜란 뒤 선조가 의병들을 어떻게 대우(?)했는지 빤히 아는 데다, 반정으로 정권을 장악한 인조에 대해 선비들의 불만이 많아서 의병을 일으켜 나라를 구하고자 나서는 사람들이 별로 없었어.

그 와중에도 몇몇 의병이 일어나긴 했지. 의병들은 머릿수가 어느 정도 모이자 정봉수를 의병장으로 세웠어. 정봉수는 의병들을 이끌고 평안도에 있는 용골산성으로 들어가 성을 지켰지. 중요한 기점이었던 용골산성 안에서 죽도록 싸운 끝에 결국 후금의 공격을 막아 냈어.

이 싸움이 정묘호란 때 유일하게 후금을 이긴 전투야. 관군도 한 번도 이기지 못한 전쟁에서 의병이 일어나 승리를 거두었다니, 참 아이러니하지 뭐야.

후금과 조선, 형제의 관계를 맺다

한편, 강화도에서 대책을 세우는 인조와 신하들에게 의외의 소식이 도착했어.

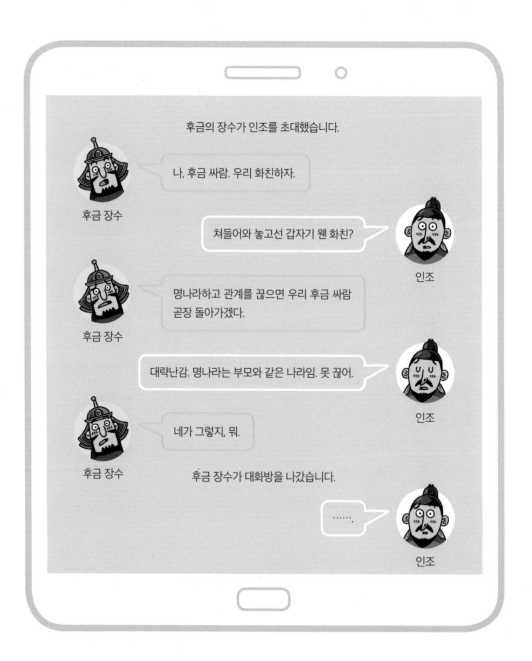

후금 장수가 대화방에 다시 참여했습니다.

후금 장수

그럼 명나라는 놔두고 하나만 약속하든지.

무슨 약속?
인조

후금 장수

우리가 명나라를 쳐도 모른 척하기.

인조

후금 장수

그렇게 약속하면 물러갈 테니, 조선은 이거나 해.
① 후금과 조선은 형제의 관계를 맺는다.
　(물론 우리가 형.)
② 조선 임금의 동생을 후금에 인질로 보낸다 등등.

빠드드드득

인조

십 년 만에 다시 터진 전쟁

정묘호란은 속전속결로 끝났어. 어차피 조선의 다짐만 받을 요량이었던 후금은 형님으로 모시겠다는 조선의 약속을 받고 돌아갔거든. 그 후 십 년의 시간이 흘렀어. 그사이에 홍타이지는 나라 이름을 후금에서 청으로 바꾸고 대제국의 기초를 완성했지.

그럼 조선은 어땠을까? 후금이 얼마나 강한지 깨달았으니까 이제 친명배금 따위는 버렸을까? 아니야! 여전히 청나라를 한낱 오랑캐로만 대했어. 어느 정도냐 하면, 홍타이지의 황제 즉위식에 조선의 사신이 참가했을 때의 일이야.

청나라 황제에게 모두 절을 하는데 조선 사신만 오랑캐에게 무릎을 꿇지 않겠다며 거절을 했어. 외교상으로 볼 때 멍청한 행동 같지만, 당시 조선 사대부라면 칼을 맞고 죽을지언정 오랑캐에게 엎드릴 수는 없는 분위기였달까? 그 바람에 조선 사신들은 실컷 두들겨 맞고 즉위식에서 쫓겨났지.

그래도 기개가 대단하다는 점만은 인정해야 할 것 같다고? 그렇게 말할 수도 있겠지만, 사실은 상황 파악을 전혀 못 했다고 봐야 해. 아무리 자신의 소신대로 행동한다지만, 거기에 자기 목숨뿐 아니라 나라의 존립 문제가 걸려 있다는 것을 알아채지 못했으니까.

청나라가 바보가 아닌 이상 조선이 아직 명나라 편이라는 걸 알아차릴 수밖에. 청나라는 본격적으로 명나라를 칠 계획을 세웠는데, 그 전에 조선을 완벽하게 굴복시키기로 했다지?

청나라 군대는 정묘호란이 일어난 지 십 년쯤 지난 1636년의 한겨울에 다시 압록강을 건넜어. 이 전쟁을 병자년에 일어났다고 해서 병자호란이라고 불러.

이 난리를 직접 보고 오라고 알파봇을 보냈더니, 보고 들은 걸 기록한 일기를 보내왔지 뭐야. 일단 읽어 보자고.

남한산성 1일째

나는 어린 내시로 지금 한창 일을 배우는 중이다. 내시니만큼 임금 옆에 딱 붙어서 수발을 드는데, 때가 때인지라 영 힘들기만 하다. 그래도 무슨 일이 일어나는지 내 눈으로 직접 볼 수 있어서 여기까지 온 보람이 있다.

아이고, 임진왜란 때 난리는 난리도 아니다. 여진족은 왜놈들보다 더 무시무시하다. 정묘호란 때도 그렇더니 이번에도 오 일 만에 한양에 도착했다. 이번에는 정말 본때를 보여 주려고 그러는지 화친을 제안하는 일 따위는 아예 없단다.

임금은 외적이 또 쳐들어왔다는 소리를 듣고 놀라 한양 도성을 빠져나왔다. 그러고 강화도를 향해 재빨리 움직였지만……, 이게 웬일!

청나라는 역시 똑똑했다. 그럴 걸 미리 예측하고 강화도로 가는 길을 죄다 막아 버렸단다. 임금과 그 일행은 급한 나머지 시체들이나 드나든다는 시구문으로 빠져나와서 황급히 남한산성으로 들어가 문을 걸어 잠갔다. 소현 세자만 왕과 같이 들어오고, 다른 왕자들과 그 부인들은 강화도로 피신했는데……. 그들이 무사한지 걱정하느라 임금님의 시름이 무지 깊다.

남한산성 10일째

청나라 군대가 남한산성을 완전히 둘러쌌다. 우리는 1만 명이 조금 넘는데 상대는 12만 8천 명이란다. 인조 임금이 하루에 네 번이나 통곡을 했다.

"내가 이러려고 반정을 해서 왕이 되었더냐. 흑흑."

이런 어처구니없는 상황에서도 여전히 청나라를 받아들일 수 없다고 주장하는 신하들이 많다. 척화파다. 반대로 최명길같이 조선이 살아남으려면 일단 청나라와 화친을 맺고 힘을 기른 뒤 나중에 싸우자는 사람도 있다. 바로 주화파다.

어제 척화파 신하들이 이런 말을 했다.

"전하, 명나라는 부모의 나라고 청나라는 오랑캐입니다. 어찌 자식이 부모를 버리고 오랑캐를 섬긴단 말입니까? 설령 나라가 없어지는 일이 있더라도 화친은 절대 안 됩니다."

이런 고리타분한 영감들 같으니라고! 자기네 의리만 중요하고 백성들이나 나라는 사라져도 괜찮다는 건가……. 문제는 그 말이 먹히고 있다는 것이다.

남한산성 20일째

며칠 전에 도착한 청나라 황제 홍타이지가 남한산성을 노려보고 있다. 여기까지 황제가 직접 오다니 아주 끝장을 보겠다는 것 같다. 산성 안의 사정은 더 힘들어졌다. 먹을 것이 점점 바닥나고 있다. 전투할 때 꼭 필요한 말까지 잡아먹는 실정이다. 게다가 얼마나 추운지, 다들 가마니 반쪽도 못 구해서 덜덜 떨며 지낸다.

임금을 구하겠다며 남쪽에서 군대가 올라왔는데, 남한산성 근처에서 청나라 군대에 크게 지고 말았다고 한다. 청나라 군사들은 평생로록 말 위에서 살았기 때문에 자다가도 바로 뛰쳐나가 일사불란하게 싸울 수 있다더니, 그 말이 맞나 보다. 어느 관리가 이렇게 중얼거리는 걸 들었다.

"원래 여진족하고는 싸워서 이길 생각을 말라고 했지."

아, 그런 인간이 12만 명이 넘는데 우리가 어떻게 이겨? 흑흑.

남한산성 30일째

임금은 여전히 남쪽의 군대가 자신을 구하러 오길 기다리고 있다. 하지만 오늘 임금을 구하겠다고 용감히 다가온 여러 부대가 오는 족족 청나라 군대의 공격을 받고 흩어졌다는 보고가 들어왔다. 이제 기대할 구원군은 전혀 없다. 그 소식에 임금과 신하들 모두 낙담해서 거의 병이 날 지경이다.

이제 마지막 희망이 사라지자 최명길 등이 용서해 달라는 글을 써서 청나라 진영으로 갔다. 최명길이 기꺼이 청나라를 주군으로 모시고 신하의 나라가 되겠으니 돌아가 달라고 통사정을 해 보았다. 하지만 눈곱만치도 소용이 없었다. 누가 죽든지 끝장을 보려고 단단히 마음을 먹고 온 듯, 청나라는 조선의 임금이 직접 와서 무릎을 꿇으라고 했다. 허허, 이거 갈수록 태산이네.

남한산성 36일째

어제 인조 임금이 닭다리를 먹다가 눈물을 펑펑 쏟았다.

"이게 마지막 닭인가? 휴……."

앞으로는 임금도 죽 한 그릇으로 끼니를 때워야 한다나? 군사들은
피죽 한 그릇 겨우 먹고선 힘이 없어 누워 지내는 형편이니, 뭐…….
그때 청나라에서 최후통첩을 해 왔다. 항복하지 않으면 이제 성안으
로 치고 들어오겠단다.

이런 상황에서 신하들은 말싸움 중이다. 척화파들은 여전히 오랑캐
에게 굴복을 하느니 차라리 나라를 공중분해시키는 게 낫단다. 척화
파 김상헌 대감은 주화파 최명길 대감이 쓴 화친 편지를 갈가리 찢어
버렸다. 최명길 대감은 오랑캐와 친하게 지내려 한다고 다른 관리들

에게 욕을 먹어 왔던 터라 눈 하나 깜짝하지 않았다.

하지만 나중에 찢어진 편지를 다시 붙이며 슬며시 눈물 흘리는 걸 내가 똑똑히 봤다. 최명길 대감이 혼잣말을 했다.

"이런 상황에 나 같은 사람도 있어야 나라도 살고 백성도 구하지 않겠는가."

남한산성 42일째

강화도가 함락되었다는 소식이 들려와 모두 통곡을 했다. 강화도로 피신했던 사람들은 포로로 잡히거나 스스로 목숨을 끊었다고 한다. 강화도를 책임진 김경징 장군은 섬에 들어갈 때도 금은보화를 잔뜩 챙기느라 세자빈이 탈 배조차 남기지 않더니, 섬 안에 들어가서는 매일 잔치만 벌였다고 한다. 또 그 아들은 오랑캐가 쳐들어오자 어머니와 부인에게 자살을 하도록 강요했다나? 정말 요상한 집안이다.

아무튼 강화도가 마지막 보루라고 생각했는데, 그마저 함락되다니 인조 임금도 급격히 무너졌다. 청나라는 빨리 항복하라며 홍이포라는 대포를 펑펑 쏘아댔다. 대포의 위력은 무시무시했다.

남한산성 44일째

운명의 날이 왔다. 청나라 군대가 성안으로 진입하려고 거대한 나무 기둥을 성 밖 곳곳에 세웠다. 병사들이 개미 무리처럼 새까맣게 산을 뒤덮으며 바짝바짝 다가오니까 정말로 무시무시했다. 이들이 나무 기둥을 타고 성안으로 넘어오기라도 하면 이제 우리는 모두 죽은 목숨이다.

진짜로 죽을지도 모른다고 생각했는지 척화파 신하들이 좀 잠잠해졌다. 주화파 신하들이 임금을 설득해 항복하기로 결정을 내렸다. 그리고 밖으로 나가 항복하는 과정에 대해 청나라 측과 논의를 했다. 신하들은 임금에게 돌아와 보고를 하며 울음을 터뜨렸다.

"청나라 황제 홍타이지는 반드시 전하가 성 밖으로 나가서서 항복을 해야 한다고 합니다. 그것도 정문인 남문으로는 안 되고 죄인이 나가는 서문으로 말입니다. 죄인이 입는 남색 옷을 입어야 한다고 하고요. 흑흑."

"남색 옷이라……. 임금인 나에겐 그런 옷이 없지. 어쩔 수 있나? 밤을 새워서라도 나와 세자가 입을 남색 옷을 짓도록 하라. 흠."

오늘은 모두 잠들지 못할 것 같다. 그래도 더 버티지 않게 되어서 다행인지도 모르겠다. 본격적으로 싸운다면 만 명이 넘는 병사들과 수많은 신하, 그리고 백성들의 목숨을 보전하지 못할 테니까.

아휴, 임진왜란 땐 내 발로 가기라도 했지. 내가 어쩌다 여길 와서 이런 꼴을 봐야 하는지……. 흑흑.

'계란으로 바위 치기'에 도전하다

··· 외세의 침략과 저항의 역사 ···

우리나라는 아시아 대륙의 끝, 대륙과 섬을 잇는 데 자리하고 있다. 그래서 중국과 일본은 물론, 거란족, 몽골족, 여진족 등 유목 민족의 침입도 잦은 편이었다. 그런데 고려 시대 몽골의 침입이나 조선 시대 병자호란 등 암울한 결말로 끝난 전쟁을 보면 우리 조상들은 늘 지기만 한 건 아닐까 하는 생각이 들기도 한다. 음, 실제로 늘 지는 전쟁만 치렀을까?

고구려 vs. 수나라, 백만 대군을 물리치다

이를 반박할 첫 번째 전쟁은 590년대로 거슬러 올라간다. 589년, 중국에서는 사백여 년에 걸친 분열을 마감하고 수나라가 들어섰다. 수나라는 중원을 차지한 데 그치지 않고, 주변 민족인 돌궐과 말갈까지 복속시켰다. 즉, 동아시아 전체를 정복하고자 하는 야심을 품은 것이다. 수나라가 통일하기 전, 분열된 중국 대륙의 여러 나라와 동등하게 교류하던 한반도의 고구려와 백제, 신라도 당연히 정복 대상이었다.

고구려는 수나라가 중국을 통일한 즈음부터 전쟁 준비에 돌입했다. 고구려 사람들은 태어나자마자 죽을 때 입을 상복부터 준비한다는 말이 있다. 그만큼 늘 죽음을 생각하며 전쟁 속에서 살았다는 뜻이다. 그런 민족답게 598년, 고구려는 요서의 수나라 전진 기지를 선제공격했다. 동북아시아를 누가 차지할 것인지 가리는 패권 전쟁이 시작된 것이다!

공격을 받은 수나라가 가만있을 리 없었다. 수나라 초대 황제인 문제는 삼십만 대군을 일으켜 고구려에 쳐들어왔다. 고구려는 철기 갑옷과 무기로 무장한 개마 무사를 앞세워 수나라 군대를 철저하게 깨부순다. 이를 갈던 수나라는 612년, 다시 전쟁을 일으켰다. 이번에는 문제의 아들 양제가 백만이 넘는 군사를 이끌고 쳐들어왔다. 고구려는 산성으로 들어가 완강히 수비를 하는 한편, 수나라의 군량미를 불태우고 보급로를 공격해 식량 공급을 끊어 버렸다.

백만이 넘는 군사는 전투를 할 땐 최고 강점이지만, 오랜 시간 먹이기에는 지나치게 많은 숫자였다. 양제는 식량이 부족해질수록 급히 전투를 벌였지만 고구려군에게 번번이 패했다. 특히 을지문덕 장군의 전략에 속아 정예병 삼십여만 명이 살수에서 크게 패해 겨우 이천칠백 명만 돌아가기도 했다.

수나라는 이후에도 고구려 침략을 계획했지만, 오랜 전쟁에 시달린 백성들의 반란으로 멸망하고 말았다. 이로써 동북아시아 패권 전쟁은 결국 고구려의 승리로 돌아갔다.

중국 요령성에 남아 있는 백암 산성의 흔적. 고구려는 산성을 수비 거점으로 이용해 수나라와 당나라의 대군을 막아냈다. 튀어나온 부분은 '치'인데, 성벽에 달라붙은 적군을 공격하기 위해 설계한 구조물이다. ⓒKilyujin

신라 vs. 당나라, 동아시아 최강국을 막아 내다

수나라가 망하고 중국 대륙을 통일한 나라는 당나라이다. 한반도 남동쪽 끝에 있던 신라는 당나라와 동맹을 맺고 백제와 고구려를 멸망시켰다. 대동강을 경계로 아래쪽은 신라가 차지하고, 그 위쪽은 당나라가 갖기로 약속하고서. 그런데 막상 고구려와 백제가 멸망하자, 당은 신라까지 쳐서 한반도 전체를 삼키려 들었다. 670년에서 676년까지, 신라와 당나라 사이에 벌어진 영토 전쟁을 '나당 전쟁'이라고 부른다.

당대 최강의 당나라와 맞붙는 건 결코 쉬운 일이 아니었다. 신라는 외교전으로 시간을 끌어 가며 전쟁을 준비할 시간을 벌었고, 준비가 갖춰지자마자 고구려·백제 유민들과 힘을 모아 당나라 군대을 공격했다.

신라는 당나라의 설인귀가 이끄는 십만 이상의 군대를 막아 내며 각종 전투에서 승리를 주고받았다. 그러다 지금의 경기도 연천에 있던 매소성에서 당나라 군대를 크게 물리쳤고, 연이어 충남 서천의 기벌포에서 완벽한 승리를 차지하면서 결국 한반도까지 집어삼키려던 당나라의 야심을 꺾어 버렸다.

고려 vs. 몽골, 세계 제국에 맞선 끈질긴 저항

계란으로 바위를 치는 식의 전쟁은 또 찾아왔다. 신라가 당나라를 물리치고 오백여 년이 지난 후 몽골이 침략해 온 것이다. 몽골 제국과의 전쟁은 비록 고려의 항복으로 끝났지만, 여섯 차례에 걸친 몽골군의 침략에 맞선 유례없는 저항이었다는 점에서 주목할 만하다.

1231년, 아시아에서 유럽까지 아우르는 세계 대제국의 몽골이 고려를 침략했다. 당시 고려를 지배하던 무신 정권은 강화도로 피신하고 항복하기를 거부했다. 그러자 전국이 몽골군의 말발굽에 유린당하고 말았다.

그 와중에 당시 세계에서 가장 강한 몽골군조차 뚫지 못한 전투가 있었다. 박서가 이끈 귀주성 전투였다. 고려의 수도 개경으로 가는 중요한 길목에 있었기에, 귀주성이 무너지면 고려 전체가 망하는 거나 진배없었다. 서북면 방어사인 박서는 몽골의 침입에 맞서 전략을 펼쳤다. 평지에서의 싸움에 능한 몽골군의 전략에 대비해 인근의 장수와 군사들을 모두 귀주성으로 불러들인 후, 고려의 최정예 부대인 별초군도 250명을 모았다.

전투는 무려 오 개월 이상이 이어졌다. 몽골군이 세계를 정복할 때 개발한 전술이 모두 사용되었지만 고려군은 절대 물러서지 않았다. 몽골군을 이끈 70세 노장조차 이렇게 독한 병사들은 처음 보았다며 혀를 내두를 정도였다나.

그러다 귀주성의 성벽이 무너졌는데, 몽골군은 어쩐 일인지 선뜻 성안으로 들어가지 못했다. 그러는 사이, 오히려 성안에서 고려군이 몽골군에게 돌진했다. 급습에 놀란 몽골군은 그길로 후퇴했고, 다시는 귀주성을 노리지 않았다고 한다. 하지만 몽골은 여섯 차례에 걸쳐 고려에 침입했고, 국토가 피폐해지고 백성들이 죽어 나가자 고려는 결국 항복하고 말았다.

전쟁은 피하는 것이 가장 좋다. 《손자병법》에서도 싸우지 않고 이기는 게 최선의 방법이라고 했으니까. 하지만 고조선이 세워진 이후 우리나라는 이민족의 침입으로 숱한 전쟁을 치러야 했다. 이때 맥없이 물러서지 않았던 때가 훨씬 더 많았다는 걸 역사가 생생히 들려주고 있다.

스스로 일어난 이름 없는 군대, 의병
··· 의병에서 미닛맨, 레지스탕스까지 ···

오늘날 우리나라의 저력에 대해 해외에서 주목하는 경우가 종종 있다. 미국의 한 학자는 한국인이 위기에 처할 때마다 '의(義)' 정신을 발휘하는 민족이라고 언급했다. 의란 곧 옳음, 또는 바름을 의미한다. 나를 희생해서라도 올바름을 실행한다는 뜻이다. '의'가 가장 잘 드러나는 역사적인 사례가 바로 '의병'이라고 할 수 있겠다.

의병은 외세로부터 침략을 당한 백성과 나라를 구하고자 각 지역에서 신분을 막론하고 들고일어난 민간 병사들을 가리킨다. 임진왜란 때 의병들이 일본군에 게릴라전으로 대응했다는 건 앞서 이야기했다. 임진왜란에서 이길 수 있었던 건 이순신과 더불어 '의병 덕분'이라고 할 수 있을 정도로 큰 활약이었다. 하지만 이런 의병의 활약도 병자호란 때는 찾아보기 힘들었다. 병자호란이 워낙 급속도로 진행되기도 했지만, 임진왜란 때 활약한 의병장을 선조가 홀대한 탓에 선뜻 나서는 의병이 없었던 것이다.

의병이 다시 크게 활약한 건 조선 시대 말기였다. 명성 황후 시해 사건, 을사늑약, 고종 퇴위 등 굵직한 사건이 일어날 때마다 의병들은 분연히 떨치고 일어나 저항했고, 군대를 조직해 일본군을 괴롭혔다. 일제 강점기에 국내 활동이 힘들어지자 연변과 연해주 등지로 옮겨 일본군과 전투를 벌였고, 이는 훗날 '독립군' 창설로 이어졌다.

아무런 대가도 바라지 않고 오로지 의를 위해 일어선 의병이 조선에만 있었던 건 아니다. 미국에는 영국 식민지 시절에 '미닛맨(minuteman)'이라 불리는 사람들이 있었다. 미닛이란 '분'을 뜻한다. 즉, 전투가 벌어지면 일 분 만에 시민이 병사로 변신한다는 뜻에서 붙은 이름이다.

영국 식민지 시절, 미국 국민들은 정착지를 개척하면서 인디언과 싸우고 각종 동물들을 사냥하며 사격 실력을 키웠다. 전쟁이 벌어지자 이런 일반인들이 영국 정규군과 전투를 벌이며 큰 성과를 거두었다. 지형을 잘 아는 사람들이 숲속에서 지리적 이점을 이용해 게릴라전을 펼친 것도 조선의 의병과 비슷하다고 하겠다.

프랑스에는 '레지스탕스(La Resistance)'가 있다. 레지스탕스는 '저항'이라는 뜻이다. 제2차 세계 대전 당시 유럽을 점령한 독일 나치에 대항해 싸웠던 유럽의 시민군을 부르는 말이기도 하다. 처음에는 나치를 홍보하는 벽보 훼손 등의 활동을 벌였는데, 나중에는 철도를 파괴하고 나치 부대와 전투를 벌이는 등 무력 활동도 마다하지 않았다. 특히 프랑스와 폴란드 등지에서 활약한 레지스탕스는 그 수가 이십만 명이 넘었으며, 연합군이 전쟁에서 승리하는 데 큰 역할을 했다고 평가받는다.

1775년 렉싱턴 전투에서 영국군과 싸우는 미국 민병대의 모습. 영국 정규군을 패퇴시킨 이 전투는 미국 독립 전쟁의 도화선이 되었다. ⓒ뉴욕 공립 도서관

치욕의 삼전도

남한산성을 나온 인조가 삼전도로 향하는 아침, 이제 눈물 없인 볼 수 없는 조선 최악의 치욕적인 드라마가 펼쳐질 예정이야. 어떤 일이 벌어졌는지 실제로 봐야겠어. 알파봇, 인조가 드디어 남한산성에서 나온다며? 이번에는 일기만 보내지 말고 중계 좀 해 줘.

세 번 절을 하고 아홉 번 머리를 조아리다

안녕하십니까? 저는 멍 박사님 때문에 연구소로 돌아가지 못하고 조선의 전쟁터를 여기저기 떠돌고 있는 알파봇입니다. 오늘 저는 조선 최악의 날을 중계하려고 여기 섰습니다. 대체 무슨 일이 일어나는지 같이 보실까요?

1637년 1월 30일, 해가 뜨지 않은 것처럼 사방이 어두컴컴하고 뼛속이 시릴 만큼 춥습니다. 물론 로봇인 제가 그렇다는 게 아니고 사람들이 뼛속까지 시릴 거란 말씀입니다. 뼈만 시리겠습니까? 마음은 터질 것 같고 억장이 무너지겠지요.

드디어 남한산성의 쪽문이 열립니다. 명색이 임금인데 쪽문이라니, 벌써 눈물이 앞을 가리는군요. 참, 나한테 눈물이 있었던가?

"아이고, 아이고! 전하!"

성안에서 구슬픈 곡소리가 터져 나옵니다. 남색 옷을 입은 임금과 세자가 걸어 나오고 있습니다. 그 뒤를 신하들이 따르고 있고요. 지켜보는 백성들이 울음을 참지 못하고 엎드려 통곡을 합니다.

백성들의 울음을 뒤로하고 일행은 한참을 걷고 걸어 삼전도에 도착했습니다. 저기 청나라 황제 홍타이지가 황금 의자 위에 앉아 있습니다. 황색의 커다란 양산이 서 있고, 주변에는 황색의 휘장이 휘황찬란하게 처져 있습니다.

청나라 황제는 항복하러 온 일행을 일부러 무시하고선 신하들이 활 쏘는 모습을 지켜보면서 시간을 보냅니다. 뒤로는 수만의 군사들이 비단옷 위에 갑옷을 걸치고 늘어서 있습니다. 그 모습만 봐도 오금이 저릴 정도군요.

드디어 청나라 황제가 조선의 임금을 부릅니다. 황제 앞으로 걸어

나온 인조와 세자, 항복의 뜻으로 청나라 황제에게 절을 해야 합니다. 그런데 바닥이 온통 진흙이군요. 조선의 신하 하나가 굽실거리며 요청을 합니다.

"바닥에 돗자리라도 깔아 주시면 안 되겠습니까?"

청나라 장수가 위협적으로 말합니다.

"황제 앞에서 감히 패전국의 임금이 스스로를 높이려 하느냐! 원래는 온몸을 밧줄로 묶은 뒤 관을 끌고 나와야 하는데 그것도 봐주지 않았는가."

어쩔 수 없이 인조는 청나라 황제가 앉아 있는 단상 아래 진흙땅에 섰습니다. 무릎을 꿇고 큰절을 한 뒤 세 번 머리를 조아렸습니다. 다

초대장이야, 뭐야……?

너네 왕에게 잘 전달해!

항복 예식 순서

1. 성 밖으로 죄인들 걸어 나오기
2. 삼배구고두례
3. 서약서 낭독
4. 선물 증정식
5. 축하 연회
6. 행사 종료

시 큰절을 하고 머리를 세 번 조아렸는데, 이걸 한 번 더 반복했습니다. 그러니까 총 세 번 절을 하고 아홉 번 머리를 조아리는 '삼배구고두례'를 하는 것입니다.

아, 눈물이 앞을 가리는군요. 한 나라의 임금과 세자, 신하들이 다른 나라 왕에게 무릎을 꿇고 머리를 땅에 댄 채 절을 하다니요. 치욕도 이런 치욕이 없습니다. 단군 이래 최대의 치욕스런 현장에 저를 보낸 멍 박사님이 원망스러울 따름이네요.

굴욕적인 조약을 체결하다

이제 두 나라가 합의한 사항을 크게 읽습니다. 뭐, 두 나라가 합의했다기보다 항복 선언을 한 조선이 강제로 지켜야 할 것들이지요. 한 번 들어 볼까요?

- 조선은 청나라에 대해 신하의 예를 다한다.
- 조선은 명나라와 외교를 끊는다.
- 조선은 왕의 첫째 아들과 둘째 아들, 그리고 대신의 자녀를 청나라에 볼모로 보낸다.
- 조선은 포로가 도망쳐 오면 붙잡아 다시 청나라로 돌려보낸다.
- 조선은 황금 100냥, 은 1,000냥과 물품 20여 종을 청에 바친다.

억지로 웃고 행사를 끝내다

순전히 청나라를 위한 잔치가 벌어졌습니다. 두 나라가 이제 임금과 신하 관계가 되었다는 걸 축하하는 잔치 말입니다. 조선 임금은 억지로 웃으며 자리에 앉아 있습니다. 잔치가 끝나고 인사를 마친 후에야 인조는 비로소 궁으로 돌아갔습니다.

돌아가는 걸음걸음, 임금을 원망하는 백성들의 목소리가 귀에 박힙니다. 눈치 없는 짓이긴 하지만 여기서 백성들의 심정을 물어보지 않을 수가 없네요.

"조선 백성으로서 지금 심정이 어떠십니까?"

"지금 심정이요? 비참하지요. 어차피 명나라와 외교를 끊게 될 텐데 왜 실속도 없는 의리를 지킨다고 똥고집을 피워서……. 왕자들은 끌려가고, 금은보화는 빼앗기고, 백성들은 또 얼마나 죽었습니까?"

백성들은 임금과 신하들이 미워서 강을 건널 수 있는 배를 두 척밖에 남겨 두지 않았습니다. 신하들이 서로 먼저 건너겠다며 임금의 옷자락을 마구 잡아당기고……. 정말이지 난리도 아니네요.

청나라 군대는 돌아가면서 조선에 이것저것 요구를 합니다. 특히 놀라 자빠질 명령을 내리지 뭡니까?

"우리 황제의 공을 칭송하는 비석을 세우시오."

조선은 거북이 등에 기둥을 세운 커다란 비석을 항복 의식을 치른 삼전도에 세우기로 했습니다. 조선 임금이 죄를 지어 청나라 황제가 군사를 끌고 왔고, 그 죄를 너그럽게 용서한다는 내용을 새기기로 했다나요.

와, 무지 슬프네요. 가만히 있는 나라에 마구 쳐들어와 힘으로 굴복시키고 수많은 백성을 노예로 끌고 가면서 자신이 얼마나 너그럽고 덕이 높은지 새겨 놓으라니요. '쳐들어와 주셔서 진심으로 감사합니다.' 하고 써 놓아야 할 것 같습니다.

이제 청나라 군대가 출발을 합니다. 그 뒤로 조선의 세자와 왕자, 신하들이 붙들려 갑니다. 제일 불쌍한 것은 짐승처럼 묶인 채 끌려가는 일반 백성들입니다. 고향을 떠나 노예로 끌려가는 백성들의 눈에서는 끊임없이 눈물이 흘러나옵니다. 흐윽, 다들 통곡을 하니까 저도

막 눈물이 나려고 하네요. 로봇이 눈물이 나려고 한다는 게 말이 된다고 생각하십니까?

눈물 없이 볼 수 없는 삼전도 치욕의 현장에서 알파봇이었습니다. 멍 박사님, 나와 주세요!

삼전도비가 우리 역사에 남긴 것

삼전도비의 원래 이름은 '청황제공덕비'다. 청나라 황제의 덕을 기리는 비석이란 뜻이다. 거북이 모양의 받침돌 위에 세운 비석인데 오른쪽에는 만주어, 왼쪽에는 몽골어, 뒷면에는 한문으로 비문을 적었다. 청나라는 이후 조선에 사신을 보낼 때마다 비석이 제대로 관리되고 있는지 확인했다고 한다. 비문의 내용은 청나라가 조선에 출병한 이유, 조선이 항복한 사실, 청나라 황제가 항복을 받아들이고 곱게 돌아가 주니 고마워하라는 것 등이다.

이로부터 이백오십여 년이 흐른 1894년, 청나라는 조선 땅에서 일본과 전쟁을 벌이다 지고 말았다. 이른바 청일 전쟁이다. 청나라가 패배하자 제26대 임금인 고종이 삼전도에 세워진 비석을 엎어 버렸다. 제16대 임금인 인조 때 만들어진 비석이 그제야 뿌리 뽑힌 것이다.

삼전도비는 일제 강점기에 복구되었다가 한국 전쟁 후 다시 땅에 묻히는 우여곡절을 겪은 끝에, 지금은 원래 있던 자리인 서울시 잠실의 석촌 호수 근처에 세워졌다. 역사의 기록을 담은 소중한 문화재라는 의미도 지니고 있지만, 비석을 볼 때마다 부끄러운 일을 잊지 말고 앞으로를 잘 대비하자는 뜻이랄까?

끌려간 사람들, 돌아온 사람들

"오, 알파봇! 삼전도 현장 중계 잘 봤어. 이렇게 유용한 너를 두고 나 혼자 해설을 했다니, 생각만 해도 아찔하네. 그래, 잘됐다. 조선 시대로 간 김에 병자호란으로 고통받은 백성들에 대해서도 좀 알아와. 너, 내가 임진왜란에 대해 해설하는 내내 놀았잖아? 왜? 돌아오지 말라고 하면 또 태업할 거야?"

"로봇이 태업이라뇨? 그런 얘긴 처음 들어 봅니다요. 근데 제가 전쟁을 연거푸, 아니……, 아무튼 겪다 보니, 아무래도 점쟁이 로봇이 되려나 봐요. 멍 박사님이 다음에 뭘 하라고 할지 딱 예상이 되더라고요. 그럴 줄 알고 병자호란으로 고통을 겪은 피로인 세 명의 인터뷰

영상을 담아 왔어요. 그 당시 피로인이 많게는 오십만 명이나 되었다고 하니까, 엄청나게 많은 사람이 끌려간 거죠. 그중 제가 만난 사람의 이야기를 한번 들어 보시죠."

"엥, 진짜? 내 생각을 읽고 예측했다고? 영상을 담아 온 건 기특하다만 왠지 뭔가 불안한걸. 또 무슨 짓을 저지르려고 이렇게 착한 일을 했지? 일단 인터뷰를 보고 생각해 보자. 보여 줘."

민폐덩어리, 좌의정 이성구의 아들

난 좌의정 이성구 대감의 귀한 아들이란다. 피로인으로 끌려갔던 이야기를 해 달라고? 하, 그때 일은 다시는 떠올리고 싶지 않다만, 네가 이렇게 사정을 하니 내 들려주지.

나는 오랑캐 놈들이 강화도를 함락시키고 수많은 사람들을 포로로 잡았을 때 함께 붙잡혔단다. 놈들은 양반, 평민 할 것 없이 눈에 띄는 대로 붙잡았어. 오랑캐에게 붙잡혀 욕을 보지 않으려고 스스로 목숨을 끊은 사람이 엄청나게 많았다니까? 나는 그래도 살아야겠다 싶어서 순순히 붙잡혔지.

하지만 조선을 떠나 청나라 수도 심양까지 끌려가면서 어찌나 고생스럽던지, 차라리 물에 빠져 죽을 걸 그랬나 하고 잠시 후회하기도 했어. 춥디추운 한겨울에 압록강 건너 만주 벌판까지 쉬지도 않고 걸어가려니 얼마나 힘들었겠니? 손발은 동상에 걸리고 여기저기 맞고 넘어져서 어디 한 군데 성한 곳이 없었지.

양반가 자제로 태어나 금이야 옥이야 자랐건만 아무 소용도 없더라. 하찮은 백성들과 똑같은 대접을 받았으니……. 천천히 걸으면 바로 채찍이 날아오고, 잠시라도 쉬려고 하면 발길질을 당했지. 그나마 나는 보약을 먹고 자란 덕에 견뎠지만, 다른 피로인들은 얼어 죽고 아파 죽어 시체가 산을 이룰 정도였어.

심양에 도착하자 우리는 청나라 사람들에게 노예로 나누어졌어. 주로 농사짓고 말에게 풀 먹이는 일을 시켰지. 내 체면에 그런 일을 하려니 하늘이 무너지는 것 같았지만, 안 하면 두들겨 맞으니 어쩔 수가 있나? 아버지가 나를 풀어 줄 속환금을 들고 오실 때까지 참고 기다리는 수밖에.

다행히 아버지가 금방 오신 덕분에 나는 일 순위로 풀려났어. 조금만 더 있었더라면 힘든 노동을 견디지 못하고 죽었을지도 몰라. 뭐라? 빨리 풀려날 욕심에 속환금을 너무 많이 바쳐서 포로들 가격을 훅올려 놓았다고? 나도 알아. 다른 조선인 포로들이 급격하게 올라 버린속환금을 마련하지 못해 얼마나 고생했는지. 하지만 어차피 세상은그런 것이야. 억울하면 돈 많은 부모를 두든지.

억울하게 이혼당한 장유의 며느리

나는 전 우의정 장유의 며느리란다. 난리 통에 포로로 끌려간 사람중 여자들도 많았던 거 알지? 나도 그중 하나야. 우리 여자들은 오랑캐들에게 붙잡히지 않으려고 바다로 강으로 뛰어들었어. 붙잡히면 어떻게 될지 불 보듯 뻔했거든. 하지만 나는 차마 아이들 때문에 죽질 못했어. 어떻게든 다시 돌아오리라 다짐하며 끌려갔지.

끌려갈 때 힘들고 고생스러웠던 사정은 이미 들어서 알고 있을 거야. 여자들은 거기에 더 큰 일이 있었단다. 젊은 여자들은 청나라 놈들의 노리개가 되어야 했거든. 그리고 끝나면 좋으련만, 그놈들의 집에는 질투심 많은 부인들이 기다리고 있었지. 노예가 된 조선 여자들을 질투해 때려죽이는 일이 다반사였어. 얼굴을 망가뜨려서 살아도 사는 게 아니게 만든 일도 있었지. 오죽했으면 청나라 황제가 조선 여자들을 함부로 죽이지 말라는 명령까지 했겠니?

물론 여자라고 다 노리개가 된 건 아니고 그냥 노예로 일을 하다가 속환되어 온 사람들도 많았단다. 문제는 무사히 돌아와 살았다 싶었는데 더 큰 일이 기다리고 있었다는 거야.

시아버지는 내가 몸을 더럽혔다며 이혼을 시켜 달라고 임금에게 청을 올렸단다. 청나라에 끌려갔다 왔다는 이유만으로 더러운 여자가 되어 이혼을 당하게 된 거지. 포로로 끌려갔다 온 것도 서러운데 갑자기 이혼이라니, 이게 말이 된다고 생각하니?

나뿐만이 아니야. 청나라에서 속환되어 돌아온 여자들은 정식 이혼을 당하지 않더라도 쫓겨나는 건 마찬가지였어. 사람들은 우리를 환향녀라고 불렀지. 이 말은 걸으로는 '고향에 돌아온 여자'라는 뜻이지만, 실제로는 몸을 더럽힌 여자라는 의미로 통했어.

수치심과 모욕감을 느낀 여자들은 스스로 목숨을 끊기도 하고, 친

정에 숨어 살기도 했지. 아니, 정치를 잘못해서 전쟁이 일어나게 하고, 그 전쟁에서 이기지 못한 건 임금과 양반들이면서, 제일 큰 피해는 왜 우리 여자들이 입어야 한단 말이냐? 어쩌면 이렇게 불공평할 수가 있니? 흑흑.

삼십팔 년 만에 탈출한 포로 안단

난 조선의 평범한 백성 안단이란다. 아주 어린 나이에 청나라에 포로로 끌려가 수십 년간 청나라 장수의 노예로 살았어. 내 부모가 있는 조선의 고향으로 돌아가고 싶었지만, 얼마나 감시가 심한지 도망칠 수가 없었지. 도망치다 걸리면 발뒤꿈치를 잘리게 되니, 함부로 시도를 할 수가 없었던 거야.

가족에게 돈을 가져와 속환시켜 달라고 하지 그랬냐고? 에구, 말도 마라. 앞서 인터뷰 한 좌의정 이성구의 아들 있잖니? 그 사람 아버지가 아들을 빨리 찾겠다는 욕심에 다섯 냥이면 될 몸값을 자그마치 천 냥을 내 버렸지 뭐야? 그걸 보고 다른 주인들도 속환금을 무시무시하게 올려 버렸지.

그 바람에 일반 백성들은 논을 팔고 밭을 팔아야 겨우 자식 한 명을 찾을 수 있게 되었어. 그렇게 속환이 되어서 집으로 돌아간들, 온 가족이 굶어 죽으면 무슨 소용이 있겠니?

결국 나는 속환을 포기하고 몰래 도망치는 방법을 택했단다. 하루도 빼지 않고 틈을 노렸지. 그러다 때가 왔어. 자그마치 삼십팔 년 만에 말이야! 나는 수도인 베이징을 탈출해 요동을 지나 간신히 만주 벌판을 가로질렀지. 상상이 가니? 몇 달에 걸쳐 낮엔 숨고 밤에 몰래 걷고 또 걷는 것을.

그러다 드디어 조선 땅인 의주에 도착했단다. 나는 고향으로 돌아갈 꿈에 부풀어 천국을 걷는 것 같았지. 그렇게 마냥 행복해 있는데, 아뿔사! 조선 관리가 나를 붙잡아서 마침 그곳에 와 있던 청나라 관리에게 넘겨 버리지 뭐니?

병자호란 뒤 맺은 조약에 따르면 탈출한 포로를 다시 청나라로 돌려보내야 한다나 어쩐다나 하면서 말이야. 의주의 조선 관리도 청나라에서 하도 난리를 쳐서 어쩔 수 없다고 하더구나.

목숨을 걸고 탈출했는데 조선 관리 손에 의해 청나라로 도로 넘겨지다니……. 아, 이렇게 잡혀가면 발뒤꿈치가 잘리는 건 기본이고, 혹

시라도 청나라 정보를 알려 주었다는 오해라도 받으면 사형을 당할 게야. 흑흑. 전쟁으로부터 백성을 지켜 주지 못한 나라가 끝까지 나를 슬프게 만드는구나.

숫자로 보는 소현 세자 죽음의 미스터리

아, 정말 전쟁을 겪은 백성들의 비참함은 이루 말할 수가 없네. 임금과 신하들이 자기네가 믿는 것만 고집하다가, 결국 백성들만 힘들게 만들었잖아. 그런데 이 역사 속에 또 하나의 비극이 있어. 바로 '소현 세자'와 관련된 일이야.

나라와 백성을 위해 과감히 나설 줄도 알았고, 조선의 발전을 위해 무엇을 해야 할지 늘 고민했던 소현 세자. 소현 세자는 청나라에 인질로 끌려갔다가 팔 년 만에 돌아왔어. 그런데 웬일인지 아버지인 인조의 냉대를 받았지. 그리고 얼마 후, 미심쩍은 죽음을 맞았어.

소현 세자의 갑작스런 죽음에 의문을 품는 사람이 많았다고 해. 소현 세자는 정말 병으로 죽었을까? 진실이 무엇인지 파헤쳐 봐야겠어. 이름하여 숫자로 본 소현 세자 죽음의 미스터리!

1

인조의 첫(1)번째 아들 소현 세자는 원래 아버지의 사랑을 듬뿍 받았어. 세자로서 항상 성실했을 뿐 아니라, 난리 통에 인조가 피난을 다닐 때마다 옆에서 아버지를 보좌하고 신하들을 다독거렸지. 청나라에 항복을 하는 조건으로 세자를 인질로 보내라고 했을 때, 신하들이 그것만은 안 된다고 거칠게 항의할 정도였어. 하지만 세자는 이런 말을 남기고 의연하게 떠났다지?

"나는 동생도 있고 아들도 있으니, 내가 설령 청나라에서 죽더라도 그들이 나를 대신할 수 있을 것이오. 내가 인질로 떠나도록 하겠소."

난리만 터지면 도망치기 급급한 데다 늘 자신의 안전을 먼저 생각했던 아버지 인조와는 사뭇 다른 모습이었어.

2

귀국한 지 두(2) 달 만에 소현 세자는 병이 났어. 병명은 학질. 온몸을 덜덜 떨고 땀을 삐질삐질 흘렸어. 소현 세자가 귀국할 때부터 병이 있었다는 말도 있지만, 기록을 보자면 병이 났다가 좋아졌다가를 반복했나 봐. 어쨌든 인조가 보낸 의원이 침을 놓아도 병세가 전혀 나아지지 않았다나 봐.

3

결국 소현 세자는 병이 난 지 삼(3) 일 만에 돌연 죽음에 이르렀어. 소현 세자의 사촌 중 한 명이 사체를 보고서 이런 증언을 했지.

"온몸이 검은빛을 띤 데다 일곱 구멍에서 모두 피가 흘렀다. 마치 무슨 약에 중독되어 죽은 모습 같았다."

이 말을 들은 사람들이 여기저기서 술렁이기 시작했어.

4

그런데 참 이상하지? 소현 세자가 죽고 나서 남은 네(4) 명의 가족이 위기에 빠졌어. 소현 세자의 부인, 그러니까 세자빈은 이유도 없이 갇혀 있다가 인조를 독살하려 했다는 혐의를 받고 사형을 당했지 뭐야. 소현 세자의 세 아들은 제주도로 유배를 보냈는데, 그중 첫째와 둘째는 곧바로 풍토병에 걸려 죽었고, 셋째만 살아 남아 험난한 생활을 이어 갔지.

제주도에 도착하자마자 풍토병에 걸려 죽다니, 아무리 생각해도 참 이상해. 건강한 아이들이 왜 갑자기 죽느냔 말이야. 사람들은 인조가 소현 세자를 죽이고 나서, 사건을 덮으려고 친손자들까지 죽인 게 아닌지 의심을 품었어.

5

과연 소현 세자는 병으로 죽은 것일까, 독살당한 것일까? 독살당했을 것이라고 의심하는 사람들이 많아. 그 이유는 다섯(5) 가지야.

첫째, 인조는 소현 세자가 떠날 때만 해도 지극한 애정을 보였는데, 웬일인지 조선으로 돌아오자마자 몹시 차갑게 대했다고 해.

둘째, 소현 세자가 죽고 나서 인조는 정해진 기간을 다 채우기도 전에 상복을 벗어던지고 신하들에게도 입지 못하게 했대. 누가 봐도 아들의 죽음을 서둘러 덮어 버리려는 모습 같지 않니?

셋째, 보통 왕이나 왕자가 죽으면 치료하던 의원은 벌을 받게 마련인데, 인조는 소현 세자를 치료하던 의원을 끝끝내 감싸고돌며 벌을 주자는 신하들의 요청을 무시했어.

넷째, 소현 세자가 죽었으면 그의 큰아들이 세자가 되어야 하잖아? 별일이 없는 경우, 큰아들이 대를 잇는 게 원칙이니까. 그런데 인조는 신하들의 반대에도 불구하고 자신의 둘째 아들인 봉림 대군을 세자로 삼았어.

다섯째, 인조는 큰아들이 죽었는데도 남은 가족을 불쌍히 여기기는 커녕 세자빈에게 누명을 씌워 죽인 뒤 그 아들들까지 유배를 보냈어. 심지어 손자 두 명이 한꺼번에 죽었을 때도 눈물 한 방울 흘리지 않았다고 해. 대체 어느 왕이 병으로 죽은 아들의 아들, 그러니까 눈에 넣어도 아프지 않을 친손자들을 이렇게 함부로 대하겠어? 자신이 죽이지 않고서야 이럴 수는 없지.

6

그렇다면 인조를 이토록 냉담하게 만든 원인은 무엇일까? 아마도 육(6) 년째 되던 해 소현 세자의 청나라 생활에서 찾을 수 있을 것 같아. 대체 어떻게 지냈길래?

청의 첫 번째 수도 심양에 도착한 소현 세자는 심양관으로 들어갔어. 여기서 조선을 대표해서 업무를 보았지. 말하자면 청나라 주재 조선 영사관쯤 된다고 할까? 청나라 쪽에서 자꾸 세자 입장에서는 결정할 수 없는 일을 이것저것 요구하는 바람에 곤란해지기도 했지만, 그런대로 일을 잘 처리하고 볼모 생활에도 그럭저럭 적응해 갔어.

소현 세자가 심양에 온 지 육 년째 되던 해, 청나라에 심한 가뭄이 들었어. 청나라 조정에서는 심양관에 주는 곡식을 줄이고 황무지를 떼어 주며 직접 농사를 지어먹으라고 했다지?

그런데 조선 사람이 누구야? 농사에는 도가 튼 사람들이잖아. 소현
세자와 세자빈은 조선 사람들을 고용해 조선의 농사법으로 농사를 지
었어. 그래서 원래 필요량의 세 배가 넘는 곡식을 수확했지. 살림왕인
세자빈 강씨는 심양에서 농장을 총 여섯 군데나 운영했다고 하니, 말
다 했지, 뭐.

농장을 운영해 살림이 넉넉해지자 세자빈은 노예로 끌려온 조선 사
람들을 조금씩 사들였어. 그렇게 해방된 조선인만 수백 명이었다고
해. 심양관은 농사뿐 아니라 청나라와의 무역을 도맡으면서 살림이
점점 불어났고, 소현 세자는 이를 자금으로 삼아 청나라의 유력한 관
리들과 교류했어.

인조는 이게 못마땅했던 모양이야. 아마도 가슴 깊은 곳에서 진한

불안함을 느꼈겠지.

'예전에는 잘해 달라고 부탁을 해도 구박만 하더니, 이제는 청나라가 알아서 세자에게 잘하는구나. 혹시 나를 쫓아내고 세자를 왕위에 올리려는 속셈이 아닐지……'

7

병자호란이 끝난 지 칠(7) 년 만에 청나라는 마침내 명나라를 무너뜨리고 수도 베이징에 입성했어. 이때 소현 세자도 청나라 관리를 따라 베이징으로 들어가게 돼. 소현 세자는 여기서 어마어마한 문화 충격을 받게 되지. 바로 명나라 때부터 베이징에 들어와 살고 있던 아담 샬이라는 천주교 신부 때문이야.

아담 샬은 명나라와 청나라의 국립 천문대에서 최고 자리를 맡고 있는 과학자였는데, 볼모 처지인 소현 세자에게 꽤 호의적이었다고 해. 소현 세자는 아담 샬과 교류하면서 발전된 서양 문물을 실컷 맛보았을 뿐 아니라 갖가지 과학 지식까지 배웠지. 많은 과학 기구와 과학 이론에 관한 책들을 선물로 받았고. 바야흐로 더 넓은 세상에 눈을 뜬 소현 세자는 새로 배운 유용한 지식들을 가져가 널리 알리면 조선을 더 잘살게 만들 수 있으리라고 생각했어.

8

팔(8) 년 만에 소현 세자는 서양 문물을 잔뜩 가지고 한껏 들뜬 채

고국으로 돌아왔어. 하지만 아버지 인조의 반응은 의외였지. 갖가지 서양 문물과 진귀한 선물을 보고도 표정이 싸늘했거든.

전해 오는 이야기로는 소현 세자가 청나라 황제가 선물로 준 벼루를 인조에게 바쳤는데, 인조가 그 벼루를 집어던졌다는 말이 있을 정도야. 그리고 얼마 지나지 않아 소현 세자는 병으로 죽었고, 인조는 후다닥 장례를 치러 버렸지. 그 뒤 소현 세자의 죽음은 아직까지 미스터리로 남아 있어.

소현 세자가 쓴 《심양일기》를 보면 소현 세자는 자주 아팠던 걸로 보여. 원래 몸이 약해서 병이 있었는데 귀국해서 스트레스를 많이 받아 증세가 나빠졌다고 보는 학자가 많아. 그런데 인조의 이상한 태도나 소현 세자가 죽은 뒤의 모습은 병으로 죽었다고 보기에는 뭔가 미심쩍은 부분이 많지. 그래서 소현 세자가 병으로 죽었다는 것과 독살당했다는 상반된 의견이 나오게 된 거야.

진실이 무엇이건 간에 소현 세자의 죽음을 기다렸다는 듯 황급히 그 자취를 지워 버린 인조의 모습에는 분명 문제가 있어. 만약 선진 문물을 적극적으로 받아들이는 개방적인 자세와 실리적이고 실용적인 생각을 가진 소현 세자가 살아서 임금 자리에 올랐더라면 어땠을까? 조선이 훨씬 더 좋아지지 않았을까?

효종이 추진한 북벌론

인조가 죽고 나서 소현 세자의 동생인 봉림 대군이 왕위를 이었다. 조선 제17대 임금인 효종이다. 효종은 소현 세자와 함께 청나라에 볼모로 끌려갔다 왔는데, 그곳에서 보고 느낀 것은 소현 세자와 정반대였다. 청나라 문물을 보고 배우려는 뜻을 품었던 소현 세자와 달리, 효종은 어떻게든 청나라에 복수하기를 꿈꿨다. 이처럼 청나라에서 받은 치욕을 되갚아야 한다는 주장을 '북벌론'이라고 부른다.

효종은 군대를 개편하고, 성을 다시 쌓고, 조총·화포 같은 무기 기술을 정비했다. 또 군사를 늘려 맹렬히 훈련시켰다. 하지만 현실적으로 난관이 많았다. 연이은 전쟁의 후유증에 시달리던 때였던 지라 군사력을 키울 자금도 부족했고, 당대 최고의 강대국인 청나라를 정벌한다는 것 자체가 실제로는 무리였다.

결국 북벌 계획은 효종이 왕위에 오른 지 십 년 만에 죽으면서 뜻을 이루지 못했다. 학자들은 효종이 누가 봐도 불가능해 보이는 계란으로 바위 치기, 즉 청나라에 대한 복수를 실제로 감행하려 한 건 아닐 것이라고 여기기도 한다. 왕권을 강화하기 위한 하나의 방책으로서 북벌론을 펼쳤으리라고 추측하는 것이다.

평생 전쟁터에서 늙은 조선 사람 김영철

거기 있는 사람! 내 말 좀 들어 주오. 옷도 이상하고 생김새도 어딘가 이상한 거기. 거기 말이오!

김영철

아이코, 깜짝이야! 갑자기 왜 과거와의 통신이 열렸지? 과거 인물이 연구소에 나타났잖아! 알파봇 녀석이 또 어디서 원격 조종 중인가? 어쩐지 알아서 인터뷰해 오고 어쩌고 할 때부터 불안하더라니. 알파봇, 알파봇!

멍 박사

알파봇이 먹는 건지 파는 건지 모르겠지만 그만 찾고 내

김영철

말 좀 들어 주게. 내가 이제 곧 세상을 뜰 것 같아, 누구에게라도 내 이야기를 털어놓고 싶었는데 자네가 보이지 뭔가? 시간이 된다면 이야기나 좀 들어 주게나.

멍 박사

음……, 뭔가 급하신 모양인데 일단 들어나 보겠습니다. 무슨 이야기신가요?

임진왜란 때 태어나다

김영철

나는 평안도 사람 김영철이라네. 전쟁 때 태어나, 전쟁이란 전쟁은 전부 겪었지. 다 늙어 죽을 때가 되어서야 겨우 놓여난, 한마디로 인생 자체가 전쟁이라 해도 과언이 아닐세. 얼마나 죽을 고생을 했는지 한번 이야기해 보고 싶구먼.
내가 태어난 건 임진왜란이 끝나던 해였네. 먹을 것도 입을 것도 없는 폐허에서 태어났으니, 그 고생이란 말도 못할 지경이었지. 자라면서는 또 어떻고. 아이고, 일할 사람은 다 죽거나 끌려가는 바람에 땅이 내팽개진 채로 있어서 농사를 지어도 수확량이 얼마 되지 않았다네. 그저 굶어 죽지 않은 게 신기할 따름이었지.
그러다 내 나이 열아홉에 그 무시무시하다는 전쟁터에 진짜로 나가게 되었지 뭔가? 당시 나라님은 광해군이었다네. 고리타분한 사대부 영감들과 달리, 광해군은 그래도 조선의 이익을 위해 처신할 줄 아는 분이었지. 명나라가 후금을 쳐야 한다며 군대를 보내 협공하자고 했을 때도 차일피일 대답을 미루며 핑계만 대셨다네. 현실적으로 명나라가 후금을 이길 수 없다고 판단하셨기 때문이야.

하지만 명분에 매인 신하들이 하도 성화를 해 대니, 결국 강홍립 장군에게 군대를 이끌고 참전하라고 했지. 그때 내가 뽑혀 전투에 참가하게 되었어. 강홍립 장군을 따라 참가한 게 사르후 전투라네. 근데 임금님이 싸우는 척하다가 불리하면 항복하라고 은밀하게 미리 이르신 모양이네. 명나라가 질 거라고 내다보신 것 같아. 아니나 다를까, 명나라 군사들은 제대로 싸워 보지도 못한 채 전멸하다시피 했고, 이를 본 강홍립 장군은 곧바로 군사를 이끌고 항복했다네.

후금의 노예가 되다

김영철

비록 포로 신세가 되긴 했지만 그나마 목숨이라도 건진 건 다 여차하면 바로 항복하라고 이르신 나라님 덕분이었네.

어쨌든 전쟁터에서 목숨을 건진 나는 명나라 출신 포로들과 함께 아라나라는 청나라 장수의 집에서 일했다네.

우리는 낮이나 밤이나 마구간에서 말을 먹이고 돌보는 일을 했지. 무척 힘들었다네. 게다가 고향에 계신 부모님 걱정으로 하루도 마음 편할 날이 없었지. 농사지을 사람도 없이 어떻게 생활하시는지…….

그래서 몇 번이나 도망칠 궁리를 하고서 실행에 옮겼는데 번번이 붙잡혀서 뒤꿈치가 잘리곤 했네. 내가 틈만 나면 도망을 치려 하니까, 아라나가 자신의 죽은 동생의 부인과 결혼을 시키더군. 그리고 자기 재산을 돌보라며 재정 책임자로 앉혀 주었네. 그 후금 여인과의 사이에서 자식도 얻었지. 주인의 대접도 좋아진 데다 가족까지 생기자, 나는 고향에 돌아갈 희망을 반쯤 접었다네.

그런데 그 집에서 함께 노예로 일하던 명나라 사람 전유년이 자꾸만 같이 도망을 치자고 꼬드기지 뭔가? 나는 어렵게 얻은 아내와 자식이 마음에 걸렸지만 고향으로 돌아가 부모님을 꼭 뵙고 싶었네. 처자식들은 살아 있으면 언젠가 다시 만나겠지만, 부모님은 언제 돌아가실지 모르잖은가? 나는 여러 날 고민한 끝에 결심했다네. 도망치기로!

우리는 어느 깜깜한 밤에 아라나의 말을 훔쳐 명나라로 도망을 쳤다네. 몇 날 며칠을 자지도 먹지도 못한 채 얼마나 달리고 또 달렸는지……. 며칠 후, 천신만고 끝에 명나라 땅에 들어갈 수 있었네. 나는 전유년을 따라 명나라의 등주라는 곳까지 내려갔지. 등주는 조선과 황해를 사이에 두고 있는 곳이네. 거기서 오 년 동안 살면서 조선으로 갈 날만 눈이 빠지도록 기다리다, 마침내 조선에서 온 배를 만나 고향으로 돌아오게 되었지.

고향에 돌아오다

김영철

고향에 돌아와 보니, 아버지는 정묘호란 때 안주성에서 돌아가시고 할아버지와 어머니만 남아 계셨네. 폐허가 된 고향에서 나는 다시 일어섰네. 힘들어도 내 고향, 내 땅에 살게 되어 마음만은 편안했지.

그런데! 병자년에 다시 청천벽력 같은 소식이 들렸네. 청으로 이름을 바꾼 후금이 다시 조선에 쳐들어왔다지 뭔가? 이름하여 병자호란이라네.

나는 이 난리를 눈으로 보고도 믿을 수가 없었네. 갑자기 말을 탄 청나라 군인들이 들이닥치더니, 사람들의 머리끄댕이를 잡고 내동댕이치는가 하면, 밧줄로 꽁꽁 묶어 질질 끌고 다니지 뭔가? 사방에서 화살이 날아다니는 데다 조금이라도 반항을 하면 가차 없이 칼이 날아왔네. 아수라장도 그런 아수라장이 없었지.

그 잔인한 병자호란은 임금님이 항복하면서 끝이 났지. 이제 조선은 청나라의 요청을 다 들어줘야 하는 처지가 되었다네. 특히 군사를 보내야 할 일이 많았는데, 문제는 나였네. 내가 명나라 말과 청나라 말을 다 할 줄 알지 않나? 군사를 보낼 일이 있을 때마다 번번이 나를 뽑았지. 나는 농사를 짓다 말고 전쟁터로 끌려가곤 했다네. 조선의 양인 남자는 15세에서 60세까지 군역의 의무를 져야 하거든. 60세가 되지 않은 한 군대에서 부르면 언제든 갈 수밖에 없는 신세지. 아! 얼마나 고되었는지 자네는 상상도 하지 못할 걸세. 남의 나라 전쟁터에 끌려가 목숨을 걸고 싸워야 하는 상황을 상상해 보게나.

나는 병자호란이 끝나고 삼 년쯤 지났을 때, 청나라 편이 되어 청나라와 명나라가 벌인 전투에 참가했다네. 그런데 말일세, 세상에! 어느 전장에서 예전 주인 아라나와 딱 마주쳐 버렸지 뭔가? 아라나는 나를 금방 알아보고는 자기가 잘해 주었는데도 말을 훔쳐 도망갔다며 펄펄 뛰었지. 제발 용서해 달라고 간청했지만, 아라나는 나를 그 자리에서 곧장 죽여 버릴 태세였어. 내 부대의 대장이 아라나에게 담배 이백 근을 바치고서야 겨우 놓여날 수 있었다네.

다시 고향에 돌아왔건만

김영철

어찌어찌 전쟁이 끝나고 고향으로 돌아왔는데 말일세. 글쎄, 대장이 아라나에게 준 담배 값을 갚으라고 독촉을 하지 뭔가? 통역관으로 공도 세우고 많은 고생을 해서 다 감해 주리라 생각했더니…… 쩝, 그게 아니었네. 하지만 별수가 있나? 집안 재산을 모두 정리했는데, 갚을 돈의 절반밖에 되지 않지 뭐야? 친척들에게 겨우겨우 돈을 꾸어 가까스로 채워 넣었지. 나라를 위해 평생토록 고생을 했건만, 결국 나는 거지 신세가 되고 말았네.

빚은 많고 농사지을 땅은 없어서, 나는 다시 군사가 되었지. 이젠 나이도 환갑이 되었고, 평생 청나라와 명나라로 떠돌아다닌 탓에 의지할 데가 없어서 언제 길바닥에서 죽을지 모르는 신세라네.

지금도 답답할 때면 산성에 올라 청나라에서 살던 곳을 향해 한숨을 쉬곤 해. 자네를 보니 청나라에 두고 온 아들이 생각나서 긴 이야기를 하게 되었구먼. 들어 줘서 고맙네.

멍 박사

어르신, 이야기 들려주셔서 감사합니다. 임진왜란과 병자호란을 연달아 겪은 조선 백성들의 삶이 어땠는지 잘 알게 되었어요. 연이어 벌어진 전쟁으로 백성들의 삶은 정말이지 이루 말할 수 없을 정도였겠네요. 대체 누구를, 무엇을 위한 전쟁이었을까요?

저라도 어르신을 도울 수 있으면 좋으련만……. 응? 뭐 이런 걸 다 주시고. 지금 당장 제가 해 드릴 수 있는 게 없어서 안타깝네요. 부디 앞으로는 행복해지시길 빕니다!

조선 후기 사실주의 소설 《김영철전》

조선 제19대 임금인 숙종 시절, 홍세태라는 시인이 후금의 침입을 배경으로 소설을 썼다. 김영철이라는 인물이 후금과의 전쟁 중 포로가 되어 끌려갔다가, 우여곡절 끝에 고향으로 돌아와 고생고생하다 생을 마감한다는 내용이다. 이 소설의 제목이 바로 《김영철전》이다. 병자호란 후 조선에는 《박씨전》처럼 조선이 청나라를 혼내 주는 식의, 현실과 정반대인 소설이 유행했다. 소설 속에서나마 승리를 맛보는 것이다. 하지만 《김영철전》은 같은 배경으로 비슷한 시기에 쓴 소설이지만, 무척 현실적이다. 마지막에 부자가 된다거나, 중국에 두고 온 자식과 재회하는 등의 반전 없이 말 그대로 고생만 하다 죽는 걸로 끝을 맺는다. 이런 이유로 《김영철전》은 백성의 눈으로 전쟁의 비극을 오롯이 그려 낸 뛰어난 사실주의 작품으로 평가받고 있다.

조선과 청, 일본에는 무슨 일이 있었나?
··· 동아시아 각국이 겪은 근대화의 길 ···

임진왜란과 병자호란이라는 큰 전쟁이 끝나고, 동아시아 삼국은 이전과
는 확연히 다른 모습으로 자리 잡았다. 중국의 경우는 한족이 세운 명나라
에서 만주족이 건국한 청나라로 바뀌었고, 일본은 도쿠가와 막부의 에도
(도쿄) 시대로 바뀌었다. 조선만 왕조가 바뀌지 않고 그대로 유지되었다.

양란 후 약 백오십 년 동안, 바뀐 정권 아래 이루어 낸 각 나라의 정치·
경제적 변화가 근대화의 시기를 결정지었다. 그리고 근대화의 성공 여부
에 따라 어떤 나라는 제국주의 국가가 되고, 어떤 나라는 속국이 되고 만
다. 과연 어떤 변화를 겪었기에 큰 차이가 나게 된 걸까?

보수적인 이념이 삼켜 버린 조선

양란 후 조선은 전쟁의 상처를 회복하는 데 총력을 기울였다. 황폐해진
논밭을 복구하고, 망가진 도로와 건물을 수리했다. 전쟁으로 많은 것이 파
괴되면서 필요한 물품이 늘었지만, 스스로 만들기 힘들어지자 사고파는
일이 잦았다. 여기에 대동법을 실시하면서 조선 전기에 비해 상공업이 눈
부시게 발달하게 되었다.

농업 기술의 발달로 지주가 직접 넓은 논밭에 농사를 짓는 경우가 늘어 났고, 이로 인해 소작농들은 논밭을 잃고 일자리를 찾아 한양으로 모여들 었다. 제22대 임금인 정조 때 한양 인구가 조선 전기의 두 배를 넘어 이십 만 명에 이를 정도였다! 이렇게 모여든 사람들이 급여를 받고 일을 하면서 한양은 차츰차츰 번화한 도시로 변해 갔다. 상업이 활성화되고 도시가 발 달하는 이때, 조선이 근대 사회로 넘어가는 기반이 만들어졌다고 주장하 는 학자도 있다.

'근대 사회'란 주인과 노비로 구성된 사회에서 자본가와 노동자로 이루 어진 자본주의 사회로 넘어가는 걸 말한다. 이때 근대 사회로 먼저 접어든 서구의 문물을 받아들이는 걸 '근대화'라고 한다. 조선의 경우, 임진왜란 과 병자호란이 끝난 후 약 백오십 년에 걸쳐서 아주 서서히 변화를 해 나 갔다. 그런데 근대화의 길목에서 발목을 잡은 사람들이 있었다! 바로 '양 반'이다.

조선의 양반들은 병자호란이 끝난 후 더욱 보수적으로 변했다. 명나라 가 망했으니, 정통 유교 국가는 조선뿐이라는 신념으로 유교 이념을 더 철 저히 따랐다. 그만큼 가부장제는 더욱 심해졌다. 또, 오랑캐인 서구 세력과 교류하는 건 있을 수 없는 일로 치부하며 상공업의 발달을 억눌렀다. 이른 바 양반 권력층의 낡은 이념이 사회의 변화를 가로막은 셈이다.

우리가 최고! 자만심이 화를 부른 중국

중국의 경우는 커다란 변화를 겪을 수밖에 없었다. 전혀 다른 민족이 세운 왕조로 바뀌었으니까. 청나라는 중국을 지배하되 한족과의 융합 정책을 펼쳤다. 그 덕분에 기존 한족의 문화를 모두 흡수하고 거기에서 한 발짝 더 발전시킬 수 있었다.

청나라는 제4대 황제인 강희제에 이르러 최고의 전성기를 이루었다. 강희제는 국경을 넓혔을 뿐 아니라, 주변 이민족들의 반발을 힘으로 눌러 잠재웠다. 그 결과 상공업이 번성했고, 인구는 폭발적으로 늘었으며, 문화적 황금기를 맞았다. 이때 기독교가 전파되면서 서양의 학문과 문물이 들어왔다. 이런 여건으로 보아 청나라 역시 근대 사회로 접어드는 시기였다. 하지만 청나라는 서구의 문물을 보고 배울 생각이 전혀 없었다. 청나라가 세상에서 가장 뛰어나기에 배울 게 없다고 여겼던 것이다.

청나라는 강희제, 옹정제, 건륭제 시기에 황금기를 맞으면서 영토로 보나 인구로 보나 최강국으로 도약할 수 있었다. 하지만 자신이 최고라는 자만심에 취해 근대화를 이룰 기회를 놓치고 말았다.

지리와 경쟁을 기반으로 근대화를 이룬 일본

그렇다면 일본은 어떨까? 일본은 당대 유럽 강대국들이 방문하는 행선지 중 하나였다. 아메리카 대륙에서 태평양을 건너 동남아시아로 향할 때, 조선은 일부러 뱃머리를 돌려야 하는 곳에 있었지만, 일본은 지나가다가 들를 수 있었기에 서양 문물을 접할 기회가 많았다.

뿐만 아니라 정치 체제도 중국이나 조선과는 자못 달랐다. 임진왜란 후 정권을 잡은 도쿠가와 막부는 약 이백여 명의 다이묘(영지를 받아 다스리는 무사 계급의 영주)들에게 각 지역을 다스리게 했다. 전쟁이 끝나 영토를 두고 다투는 게 힘들어지자, 각 지역의 다이묘들은 경제력으로 경쟁하기 시작했다. 게다가 임진왜란 때 조선에서 끌고 간 각 분야의 장인들을 통해 기술을 발전시켰고, 분야별 기술 학교를 운영해 기술자를 양성하는 등 상공업 분야에서 비약적인 발달을 이루었다.

물밀듯 들어오는 서양 세력을 어쩔 수 없이 받아들여야 하는 시기는 조선과 청나라, 일본 모두 엇비슷했다. 하지만 세 나라가 이루어 낸 정치 구조와 지배 계층의 신념에 따라 근대화가 자리 잡는 시기는 확연히 달랐다. 일본은 재빨리 근대화를 이루고 동아시아의 강자로 부상해 청일 전쟁과 러일 전쟁에서 잇따라 승리를 거두며 서양의 제국주의 국가들과 어깨를 나란히 했다.

그런 뜻에서 동아시아의 20세기를 결정지은 건, 임진왜란과 병자호란 후 약 백오십 년 동안의 변화가 가져온 결과라고 할 수 있겠다.

일본 에도 시대 요코하마 항구에 모인 다섯 나라 상인과 외교관, 하인들을 묘사한 그림. 일본은 일찍이 서양에 문호를 개방했다. 우타카와 요시토라의 1861년 작품. ⓒ미국 메트로폴리탄 미술관

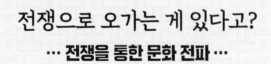

전쟁으로 오가는 게 있다고?
··· 전쟁을 통한 문화 전파 ···

전쟁이 벌어지면 승리한 나라가 패배한 나라의 영토를 차지하거나, 패배한 나라의 포로를 자신들의 나라로 끌고 간다. 그러는 와중에 서로의 문물이 오가게 된다. 임진왜란 후 일본으로 끌려간 조선인들이 도자기와 두부 제조 기술을 일본에 전해 준 것도 마찬가지다. 전쟁이 강제로 문화를 전파했다고 할까?

750년경, 중국의 당나라는 서쪽으로 계속 영역을 넓혀 중앙아시아 근처까지 영향력을 행사하고 있었다. 이 무렵 아라비아 지역의 압바스 왕조 역시 동쪽으로 영토를 넓혀 나가고 있었는데, 지금의 우즈베키스탄 지역에서 중앙아시아의 패권을 두고 당나라와 다투게 되었다. 이때 벌어진 이슬람과 중국 문명의 첫 충돌을 '탈라스 전투'라고 부른다.

이슬람 측은 과장을 보태 이십만 명에 이르렀고, 고선지가 이끄는 당나라 군사는 약 칠만 명 정도였다. 결과는 당나라의 대패. 당나라는 군사 오만 명이 죽고 이만 명이 포로로 끌려갔다. 이때 끌려간 기술자들이 세계 4대 발명품 중 하나인 '종이' 만드는 기술을 이슬람 문명에 전파했다. 그리고 얼마 후, 우즈베키스탄의 타슈켄트에 첫 종이 공장이 생겨났다.

그로부터 삼백여 년 후, 이슬람 문명은 유럽의 기독교 문명과 충돌했다.

중세 유럽의 각 나라는 예루살렘의 성지를 탈환하고, 기독교인들을 이슬람 세력으로부터 보호한다는 명목으로 원정군을 파견했다. 두 세력의 충돌은 아주 오랜 기간에 걸쳐 계속되었다. 그 당시 유럽의 모든 국가가 한 번씩 이스라엘에 다녀왔다는 이야기가 나올 정도였다.

그런데 전쟁에 참전한 사람들이 이슬람 문명에서 설탕 만드는 기술을 배워 왔다. 그동안 유럽은 다른 대륙에서 설탕을 사 와야 했는데, 기록에 따르면 손톱만 한 설탕 한 조각 값이면 성인 너댓 명이 배불리 밥을 먹을 수 있었다고 한다. 이후 설탕은 유럽의 귀중품 목록에서 빠지게 되었다.

더 많은 물건이 오간 정복 전쟁이 있다! 황금을 찾아 신대륙으로 떠난 에스파냐의 코르테스는 1519년경에 아스테카 제국을 상대로 정복 전쟁을 펼쳤다. 수적으로는 아스테카 사람들이 유리했는데도, 고도로 발달한 철기를 사용하는 에스파냐 병사들을 당해 낼 수가 없었다. 전쟁은 금세 끝났다. 이때 유럽에서 말과 소 등의 가축이 아메리카 대륙으로 넘어갔고, 아메리카의 고추와 토마토, 감자 등이 유럽으로 전해졌다.

전쟁은 문화를 전파한다. 하지만 전쟁 덕분에(?) 문화가 발전했다고 왜곡해서는 곤란하다. 시간이 더 걸릴지언정, 평화적인 교류로도 얼마든지 문물은 이동했을 것이고, 역사 역시 계속해서 발전했을 것이기 때문이다.

아스테카 제국의 정복자 코르테스를 그린 초상화. 백인을 처음 본 아스테카 사람들은 에스파냐인이 부활한 신이라고 믿었다. 호세 살로메 피나의 1879년 작품 ⓒ에스파냐 프라도 미술관

풍속화로 보는 전후 조선의 변화

"잘 봤어, 알파봇. 아까 김영철이란 분, 네가 모셔온 거지? 이제 말 안 해도 척척이구나. 그 덕분에 전쟁을 겪은 조선 백성들의 심정이 어땠는지 잘 알게 되었어. 이제 두 번의 전쟁이 끝난 뒤 조선 백성들의 삶에 어떤 변화가 있었는지 알아볼 차례야. 너만 시키기 미안해서 내가 직접 준비했지."

"박사님이 직접이요? 아까 김영철 할아버지랑 대화하느라 준비할 시간이 없으셨을 텐데요?"

"훗! 아까 김영철 할아버지가 들어가시면서 손에 뭘 쥐어 주시더라고. 근데 그게 그림이지 뭐냐? 들고 다니시다가 무거워서 그냥 주고

가신 모양이야. 임진왜란과 병자호란이 끝난 뒤 사람들의 생활 모습을 그린 풍속화인데……. 쉿! 이건 비밀이야. 이게 알려지면 난리날 거야. 몇백 년 전 풍속화라니, 이게 얼마나 귀한 거야?"

"에, 김칫국부터 마시는 거 아니에요?"

"김칫국인지 아닌지 내가 보여 줄게."

신분 구분이 느슨해진 조선

양반도 일을! : 자리를 짜고 있는 사람 보이니? 머리에 쓰고 있는 망건을 보니까 분명히 양반인데? 이 사람은 아마도 잔반일 거야. 전쟁이 끝난 후 붕당 정치가 심해졌는데, 권력층에서 밀려나 가난해진 양반들을 잔반이라고 해. 돈을 만지는 것도, 밝히는 것도, 모두 천박한 짓이라던 양반들이 먹고살기 위해 체면을 구기더라도 일을 해야 하는 거지. 전쟁 전이라면 상상도 못 할 일이야.

늘어나는 양반 : 양반 차림의 남자와 노비 차림의 남자가 수다 떨고 있네? 아무리 신분제가 느슨해졌어도 양반과 노비가 친구일 리는 없겠지? 이 사람은 노비였다가 돈을 내고 양반이 되었을 거야. 전쟁 중

에 공을 세운 양인이나 노비에게 관직을 나타내는 증서인 '공명첩'을 주었지. 그런데 전쟁이 끝난 후에도 흉년이 들어 굶는 백성들을 위해 곡식을 내놓은 양인과 노비들에게 공명첩을 주었다지 뭐야? 그 바람에 이제 길을 가다 발에 치이는 게 양반이 되었지.

관직에 오른 서얼 : 관복을 입은 이 사람 좀 봐. 서얼 출신이라잖아. 전쟁 전에는 서얼들이 관직에 나갈 수 없었어. 하지만 전쟁을 겪으며 공명첩이다 뭐다 해서 신분 질서가 흐트러지자, 서얼들도 단체로 관직에 나갈 수 있게 해 달라고 요청하는 운동을 벌였지. 그리해서 서얼들도 관직에 등용될 수 있는 길이 열렸어.

누구나 가는 군대 : 군사들이 훈련 중이야. 어, 그런데 누구는 양반 옷을, 또 누구는 다 찢어진 옷을 입고 있네? 전쟁 전에 양반과 노비는 군대를 가지 않았어. 하지만 전쟁 후 군사 수가 부족해지면서 관직이 없는 양반과 일반 노비도 군대를 가게 되었지. 이 부대를 '속오군'이라고 해.

아무튼 이 그림들은 임진왜란과 병자호란이 끝난 후 조선의 모습을 그린 거네. 뭔가 신분이 희미해지는 느낌이 들진 않아?

농업 기술의 발달로 넉넉해진 농촌

매운 맛의 등장 : 여기 좀 봐, 지붕 위에 고추를 널어 말리고 있어. 앞에서도 얘기했지만, 전쟁 전에는 조선에 고추가 없었지. 김치도 하얗게 담가 먹었는걸. 전쟁 후 고추가 들어와 전국으로 퍼지게 되었고, 이후로 매운 맛을 내는 음식을 먹게 된 거야. 그러니 이건 누가 봐도 전쟁 후 상황을 그린 게 맞아.

담배의 유행 : 여기 보이는 담배도 마찬가지야. 담배는 임진왜란 전후로 일본에서 들어왔어. 처음에는 담배를 약으로 생각했다고 하더니……. 그림을 보니 사실인가 봐. 이 사람, 연세가 있어 건강이 걱정될 만도 한데 곰방대를 물고 있잖아. 지금 같으면 어림도 없는 일이지?

부농의 탄생 : 여기 일하는 농부 좀 봐. 논에서 일을 하고는 있지만 옷에서 부자 태가 좔좔 흐르고 있어. 이것도 바뀐 모습이야. 조선 후기에는 농업 기술이 하루가 다르게 발달했거든.

　그래서 같은 양의 일을 하고도 수확량이 부쩍 늘었지. 이제 부지런하기만 하면 누구나 잘살 수 있게 된 셈이야. 또 농민들 중에서도 부자가 생겨나게 되었단 뜻이지.

신기술 발전 : 아, 그 농업 기술이 뭐냐고? 바로 다양한 방법으로 거름을 만들어서 사용하는 거야. 그 덕분에 땅에 충분히 거름을 줄 수 있게 되었어. 또 벼농사에는 '이앙법'이라는 걸 적용했는데……. 벼의 싹, 그러니까 모를 어느 정도 키운 후에 논으로 옮겨 심는 방법이야. 그러자 일손은 확 줄고 수확량은 엄청나게 늘어나게 되었어.

　이렇게 밭에다 거름도 주고, 논에 물을 채워 모내기하는 걸 보니까, 전쟁이 지난 후 조선의 농촌 모습을 그린 게 분명하군. 그림으로 보니까 더욱 생생하게 느껴지는걸?

물자가 돌고 실생활에 눈을 뜨다

시장이 늘어나다 : 시장이 북적북적하네? 원래 조선은 유교 이념에 따라 상업은 천하다며 억눌렀어. 시장도 몇 군데 없는 데다, 물건을 사서 쓰기보다 스스로 만들어 쓰곤 했지. 그런데 전쟁이 끝난 후 농사 기술이 발달해서 수확량이 확 늘어났다고 했잖아? 이제는 남은 수확물을 시장에 내다 팔게 된 거야. 또 백성들이 세금으  로 바치던 특산물을 쌀로 통일해서 내게 했더니, 남은 특산물을 사고 팔게 되었지. 어디서? 시장에서. 그래서 시장이 더 생겨나고 상인도 덩달아 늘어나면서 상업이 발달하게 된 거야.

화폐 사용 활성화 : 그런데 말이야, 상업이 발달하긴 했는데, 이때만 해도 돈이 따로 없었어. 쌀과 베를 돈 대신 사용했지. 쌀이나 베는 옮기려면 힘이 들잖아? 그래서 진짜 돈이 생겨났는데, 바로 한가운데 구멍이 뻥 뚫린 동전인 '상평통보'야. 예전에도 돈을 만들어 쓰려는 시도를 해  봤지만, 상업이 발달하지 않아서 만들기만 하고 널리 쓰이진 못했거든. 이번에 만든 상평통보는 상업이 급격하게 발

달하면서 널리 쓰이게 되었어. 상업 발달이 돈을 낳고, 돈이 다시 상업을 발달시켰다고나 할까?

실학의 등장 : 병자호란을 치르고 나서, 사람들은 도덕이나 명분만 찾는 성리학이 실생활에 크게 도움이 되지 않는다는 걸 깨닫게 되었어. 이제 나라를 부강하게 만들고 백성들이 넉넉하게 살 수 있도록 만들 수 있는 무언가가 필요하다고 느낀 거지. 그 학문이 '실학'이야. 실학자들

백 년 동안 세금 제도를 개혁하다, 대동법

임진왜란이 한창일 때, 조정에서는 필요한 비용을 감당하기 위해 전국에서 땅 1결 당 2두씩 쌀을 걷는 세금 체제인 수미법을 시행했다. 그런데 필요한 비용을 충당하기에는 부족해서 폐지되었다가, 광해군 때 선혜법이란 이름으로 바꾸어 공물 대신 쌀로 받는 법이 시행되었다.

선혜법은 곧 대동법으로 이름이 바뀌어 강원도 등 일부 지역에서 시행되었는데, 지주들의 반발로 곧 폐지되고 만다. 하지만 제18대 임금인 현종 때 영의정까지 지낸 김육이 끈질기게 대동법의 시행을 주장하여 점점 지역이 확대되었고, 제19대 임금인 숙종 대에 이르러 거의 백 년만에 전국적으로 시행되기에 이른다. 대동법 전에 시행하던 공납은 마을 별 가구당 할당되던 데 비해, 대동법은 땅을 가진 만큼 세금을 내도록 했기 때문에 땅 부자인 지주들의 저항이 커서 본격 시행까지 오래 걸릴 수밖에 없었다. 하지만 대동법이 시행되면서 부족했던 세금을 채우게 되었고, 백성들의 생활이 한결 편해졌으며, 조정에서는 세금으로 받은 쌀로 현물을 사게 되면서 상공업의 발달을 촉진시켜 나라 전반에 큰 변화를 불러왔다.

중 청나라를 무조건 배척하지 말고 그들의 선진 문물을 배우자는 사람들이 있었는데, 그들을 '북학파'라고 불러. 북학파는 청나라에 들어온 서양 문물을 조선에 가지고 왔어. 안경, 망원경, 지구본과 같은 각종 기구와 의학책, 과학책 등이야. 여기, 탁자에 놓여 있는 거 보이지?

공납 제도 개혁 : 이 수레는 공물을 실은 공납 수레구먼. 세금 중에서 특산물을 바치는 공납이 있는데, 그 특산물을 '공물'이라고 해. 근데 공물을 내는 데 문제가 많았어. 특산물을 구하러 다니느라 농민들의 고충이 컸거든. 그래서 전쟁이 끝난 후 여기저기 복구하느라 돈이 필요해진 조정은 백성들의 수고도 덜 겸, 세금도 제대로 걷을 겸, 공납의 방법을 바꾸었어. 그동안 공물은 잘 사나 못 사나 머릿수대로 똑같이 내야 했는데, 이번에는 땅을 가진 사람만 쌀로 내도록 했지. 그림 속 공납 수레에 귤이나 생선 같은 특산물이 아니라, 쌀이 쌓여 있는 걸 보니 분명히 전쟁이 끝난 후의 생활 모습이야.

어때, 잘 봤니? 풍속화로 전쟁 뒤 생활 모습을 들여다보니까 더 잘 알 수 있지? 사실 이 그림들을 비싼 값에 팔려고 했는데 연구소에 걸어 두고 꼼꼼히 살펴 봐야겠어. 뭐? 김영철 할아버지를 모시고 온 너한테 고마워하라고? 내 인품에 반해 선물하신 거거든?

전쟁의 책임자, 선조와 인조 청문회

자, 지금까지 두 번의 전쟁이 일어나게 된 배경과 과정, 그 결과까지 두루두루 살펴봤어. 이제 본격적으로 답을 찾아보자고! 과연 조선 백성들은 왜 두 번씩이나 전쟁을 겪어야 했을까?

그럼 당시 임금, 그러니까 선조와 인조를 모시고 대체 나라를 어떻게 다스렸기에 그런 일이 벌어졌는지 한번 따져 봐야겠어. 두 임금이 뭘 잘못했는지, 무슨 이유가 있었는지 먼지 털 듯 탈탈 털어 내면, 왜 두 번이나 연이어 전쟁을 겪어야 했는지 알 수 있겠지.

뭐? 두 임금 다 안 나오시려고 한다고? 그럼 인기순으로 등장하는 거라고 전해 드려. 아마 질투심 많은 분들이라 먼저 달려 나오실걸?

전쟁 대비를 왜 안 했나?

멍 박사

어서 오십시오. 저는 이번 청문회의 위원장인 멍 박사입니다. 욕먹을 각오를 하고 나오⋯⋯, 아니, 직접 나오시려니 힘드셨을 텐데 아무튼 이렇게 나와 주셔서 감사합니다. 시간이 얼마 없으니 다짜고짜 질문하겠습니다. 두 분은 임진왜란과 병자호란이 일어날 것을 알고 있었나요? 알았다면 어떻게 대비하셨죠?

선조

난 진짜로 전쟁이 일어날 거라고는 꿈에도 생각 못 했어. 일본에 다녀온 황윤길이 전쟁이 날 거라고 보고했지만 나는 믿지 않았지. 몇백 년을 평화롭게 지냈는데 갑자기 무슨 전쟁이 일어나겠어? 사실 일본을 다녀와서 보고하는 신하들 중 일어날 거라는 쪽이 3, 안 일어날 거라는 쪽이 1이긴 했지. 하지만 난 1을 믿고 싶었어. 원래 나는 소수 의견을 존중할 줄 아는 왕이거든.

멍 박사

아니, 한 나라를 책임진 사람이 단 1퍼센트라도 가능성이 있으면 대비를 해야 하는 거 아닙니까? 그냥 자신이 믿고 싶은 대로 밀어붙이다니 너무 무책임한 거 아니에요?

선조

아니, 실컷 대비했는데 전쟁이 안 일어나면 아깝잖아? 그렇잖아도 가뜩이나 무능한 왕이라고 뒤에서 쑥덕이는데, 설레발쳤다가 빗나가면 또 욕먹었을 거 아니냐고. 그리고 나는 인조 쟤처럼 최소한 반란이 일어날까 봐 겁나서 군사 훈련을 방해하고 그러진 않았어. 내가 방해를 안 했으니까 이순신이 수군 훈련을 그렇게 잘한 게지. 이순신이 공을 세우는 데 나도 한몫했다니까?

멍 박사

핑계가 꽤 그럴듯하네요. 그럼 인조께서는 후금이 쳐들어오겠다고 그렇게 엄포까지 놓았는데도 외교적으로든, 군사적으로든 왜 대비를 하지 않았나요?

인조

흠흠, 말을 꼭 그렇게……. 생각해 봐, 청나라 오랑캐와 타협한다는 이유로 광해군을 몰아내 놓고 내가 오랑캐랑 친하게 지낼 수는 없는 노릇이잖아? 게다가 나에게는 말 타는 재주만 있는 후금 놈들이 절대 쳐들어오지 못할 천연의 요새가 있었지. 강화도 말이네. 그러니까 뭐, 아무런 대비도 안 했다고 볼 수는 없지. 안 그래?

선조

내 손자 인조야. 이런 말 하기 좀 그렇지만, 난 상대가 섬나라 왜놈들이었느니라. 까마득한 바다 건너 뭘 하고 있는지 전혀 알 수 없으니 대비를 못 할 수밖에. 하지만 너는 정묘호란 때도 당하고 병자호란 때도 당하고……. 그게 뭐니? 정묘호란 이후로 계속 조짐이 보였는데 전혀 대비를 안 한 거잖아? 이런, 쯧쯧.

선조와 인조, 피난 가는 데는 선수

멍 박사

잠깐, 잠깐만요! 여긴 두 분이서 누구 잘잘못이 더 큰지를 따지는 자리가 아니에요. 여기서 이만하시고 다음 질문으로 넘어가겠습니다. 대비를 못 한 건 둘째치고, 일단 전쟁이 터지자 두 분은 어떻게 대처하셨죠? 두 분 다 궁궐을 떠나 잽싸게 도망가셨지요?

선조

나는 그래도 딱 한 번 도망쳤어. 근데 쟤는 세 번이나 도망쳤잖아?

명 박사

인조 임금님, 이괄의 난, 정묘호란, 병자호란……. 이렇게 해서 총 세 번이시죠?

인조

그랬던가? 기억이 잘 안 나는데. 그런데 급박한 상황에서는 왕이 잡혀 죽는 것보다 도망치는 게 낫잖아. 일단 왕이 잡히지만 않으면 전쟁에서 진 게 아니니까. 그리고 내가 세 번이나 도성을 버리고 도망쳤다고 자꾸 뭐라고 하는데, 선조 할아버지처럼 아예 나라를 버리고 국경을 넘으려 하

글쎄, 잘……

지는 않았잖아? 내가 더 나은 점도 있다는 걸 이 자리에서 다시 한 번 강조하고 싶네.

선조

저, 저, 물귀신 같은 녀석!

질투의 화신, 선조

멍 박사

어째 두 분 다 막상막하시군요. 임금이 도망쳤던 문제는 여기서 매듭짓고 전쟁 뒤 처리 문제를 살펴보도록 하죠. 선조 임금은 왜 전쟁에서 공을 세운 세자인 광해군을 그렇게 못살게 굴고, 일등 공신인 이순신 장군을 죽이려고까지 했나요?

선조

내, 내가 그랬다고? 기억이 전혀 안 나는데? 난 그런 적 없어, 진짜로.

멍 박사

그런 적이 없다고요? 불리한 이야기가 나오니까 딱 잡아떼시는군요. 그럼 증언을 들려줄 참고인으로 유성룡 대감을 불러 보겠습니다. 선조를 가장 가까이에서 모신 신하로서 여기에 대해 어떻게 생각하시나요?

유성룡

음, 후손들을 위해 솔직히 말하겠습니다. 선조 임금은 질투심 대마왕이었습니다. 자신보다 인기 있는 사람이 있으면 대놓고 싫어하면서 견제에 들어갔지요. 세자인 광해군이 전쟁을 수습하면서 백성들의 신망을 얻자 질투심에 어쩔 줄 몰라 했어요. 그래서 수시로 임금 자리를 물려주겠다고 선언해 광해군을 곤란하게 만들었지요. 보통 왕위를 물려주겠다고 하면 제일 힘든 건 세자거든요. 가만히 있으면 왕위를 탐낸다고 하고, 말리면 아버지 말을 안 듣는 불효자식이라고 하고. 그 짓을 전쟁 통에 아홉 번이나 했으니, 광해군의 정신이 온전하기가 힘들었을 겁니다.

선조

이거 다 거짓말이야.
나는 하나도 기억이 안 나!

유성룡

이순신도 마찬가지였어요. 선조는 전쟁이 진행될수록 신하와 백성들이 죄다 이순신을 칭송하자 질투심이 폭발했습니다. 그래서 이순신을 의심하고 찌질이 원균 편만 들었지요. 원균이 칠천량 해전에서 패하는 바람에 죽은 병사들은 사실 선조가 죽인 것과 다름없습니다. 나중에 이순신의 공은 한사코 깎아내리면서 원균을 일등 공신으로 삼은 것도 다 질투심 때문이지요.

선조

다들 이순신이 대단하다며 난리인데, 뭐가 제일 중요한지 몰라서 그래. 잘 들어 봐. 임진왜란 때 왜군을 물리칠 수 있었던 건 명나라 군대가 도와준 덕분이야. 그렇지? 다들 동의하지? 그런데 누가 명나라에 군대를 요청했어? 내가 했잖아. 그러니 내가 가장 큰 공을 세운 거지.

유성룡

명나라 군대가 도와준 덕을 본 건 사실이지만, 그 때문에 조선을 빼놓고 명나라 입맛에 맞게 전쟁을 치르고 휴전을 해야만 했죠. 우리 의견은 하나도 반영되지 않은 채 그들 편할 대로 처리했고, 게다가 명나라 군대가 요구하는 건 다 들어줘야 했어요. 명나라 군대 뒤치다꺼리하느라 제 허리가 부러질 뻔했다는 거, 잘 아시죠?

멍 박사

아, 그렇게 말하니까 갑자기 여기서 몇백 년 뒤, 남한과 북한이 한국 전쟁을 치를 때 유엔군을 대하던 이승만 대통령이 생각나네요. 그때 작전 지휘권을 미국으로 넘기는 바람에 우리는 휴전 협상에 끼지도 못했죠. 역시 역사는 돌고 돈다더니……. 옛말이 하나도 틀리지 않은 것 같네요.

의심의 아이콘, 인조

명 박사

잘 들었습니다. 그렇다면 인조 임금은 어땠는지 최명길 대감을 증인으로 불러보겠습니다.

인조

의리의 대명사인 최명길이 나에 대해 나쁘게 증언할 건 하나도 없을걸?

최명길

맞습니다. 전 증언할 게 없어요. 인조 임금은 전쟁이 났다고 하니까 허겁지겁 강화도로 도망치려 했어요. 그러다 사정이 안 좋으니 남한산성으로 들어간 것밖에 없거든요? 그 안에서도 여전히 결정을 못 내리고 주화파 편에 섰다 척화파 편에 섰다 하면서 갈팡질팡했죠. 한마디로 중요한 때를 그냥 다 놓쳐 버린 거예요. 그러니 제가 무슨 할 말이 있겠습니까?

인조

저, 저, 저 괘씸한. 천하의 충신이라며 나를 그렇게 떠받들더니 속마음은 안 그랬단 말이야?

최명길

사실은 사실이니까요. 아, 참! 인조 임금이 잘하는 게 하나 있네요. 바로 끊임없는 의심이요. 누가 반란을 일으키지는 않을까 늘 신하들을 감찰하고, 변방의 장수가 군사들만 모았다 하면 살살이 조사하러 사람을 보냅니다. 왕위를 노린다면서 소현 세자를 의심했고요. 그 의심이 결국 소현 세자를 죽인 거나 다름없지요. 직접 죽였는지는 확실하지 않아도, 그 의심병이 몸이 약한 소현 세자를 극심한 스트레스에 시달리게 만든 건 분명하니까요.

명 박사

아, 증인분들 이야기를 직접 들으니까 선조와 인조가 어떤 임금인지, 전쟁을 당한 두 임금이 어떻게 대처했기에 백성들이 큰 고통을 겪었는지 알 것 같습니다. 그럼 오늘의 청문회를 서둘러 마치겠습니다!

역사를 잊은 조선에 전쟁이 또 찾아왔다

　자, 답을 하기 전에 지금까지 이야기한 것들을 간단히 정리해 보자. 1592년 어느 날 아침, 부산 앞바다에 빼곡히 밀려든 일본군 배를 보고 조선 사람들은 어떤 생각이 들었을까? 분명히 쥐새끼 같은 도요토미는 전쟁을 일으킬 만한 배짱이 없다고 했는데……. 게다가 이 전쟁이 칠 년 동안이나 계속되리라고 예상한 사람은 아무도 없었을 거야. 뒤늦게 상황을 파악한 백성들이 들고일어나고, 이순신 장군의 활약과 명나라의 참전이 보태져 왜군을 물리칠 수 있었지. 그렇지만 칠 년에 걸친 전쟁으로 조선은 큰 피해를 입었어.

　그로부터 약 삼십 년 뒤, 명나라, 조선, 일본이 임진왜란에 정신을 파는 사이 만주에서는 후금이 성장했어. 후금은 명나라를 치기 전에 조선에 먼저 쳐들어왔고, 명나라를 돕지 않겠다는 다짐만 받고 물러

낳지. 조선은 후금과 화친을 맺었지만 오랑캐에 굴복했다는 사실에 괴로웠어. 그래서 여전히 후금을 오랑캐라 여기고 비위를 거스르는 짓을 자꾸만 반복했지. 이에 청나라로 이름을 바꾼 후금은 십 년 만에 다시 쳐들어왔어. 결국 인조는 굴욕적인 복종을 맹세해야만 했지. 그 대가로 수십만 조선 백성이 노예로 끌려가는 모습을 눈뜨고 지켜봐야 했고. 두 전쟁을 한눈에 볼 수 있게 정리하면 이래.

이 표를 메일에 붙여서 보내야겠다.

	임진왜란	병자호란
원인	– 도요토미의 명나라 정복 야심. – 선조와 신하들의 안일한 판단.	– 홍타이지의 명나라 정복 야심. – 인조와 척화파들의 친명배금 정책.
대처	– 통신사의 엇갈린 보고. – 동아시아 정세에 대해 잘 모름. – 오랜 평화로 전쟁 징후를 무시.	– 명나라에 대한 의리를 지키고자 후금을 멀리함. – 나라와 백성 대신 명분과 의리를 선택.
과정	1592 임진왜란 발발. 선조 의주로 피신. 명나라 참전. 1594 휴전. 1597 정유재란 발발. 1598 도요토미 사망. 일본군 후퇴.	1627 정묘호란 발발. 인조 강화도 피신. 형제관계 맺고 화친. 1636 병자호란 발발. 남한산성 포위. 1637 군신관계 맺고 항복. 청나라, 포로를 이끌고 회군.
결과	침략을 물리침.	침략에 항복함.

☆ 제목 : 설상 중학교 가상이에게

▲ 보낸사람 : 멍 박사

받는사람 : 가상이

안녕, 가상아.

조선은 왜 두 번씩이나 연거푸 큰 전쟁을 치르게 되었느냐는 질문을 받고 무척 당황했어. 임진왜란과 병자호란이 언제, 왜 일어났는지는 알고 있었지만 왜 두 번씩이나 큰 전쟁을 치러야 했는지에 대해서는 깊게 고민을 안 해 봤거든.

이번에 답을 하기 위해 자료를 조사하는 과정에서 놀라운 사실을 깨달았어. 그게 뭐냐고? 임진왜란도 그렇고 병자호란도 그렇고, 당시 조선의 가장 큰 문제는 바깥세상이 도대체 어떻게 돌아가는지 제대로 파악하지 못했다는 거야.

조선은 건국 뒤 이백 년 동안 평화에 젖어 있었기에, 전쟁이 정말 일어날 거라는 생각을 미처 하지 못했어. 게다가 일본을 여전히 미개한 '왜'로 여기고 무시하며 신경을 쓰지 않았지. 결과는 참혹한 칠 년 전쟁이었어.

그로부터 삼십 년 뒤, 이번에 조선은 북쪽 오랑캐인 '여진족'한테 침입을 당해. 전쟁 전 왕과 사대부는 여진족을 발가락의 때만큼으로도 여기지 않았어. 일본을 무시했듯이, 또다시 상대를 무시하다가 큰코다친 거지. 그때 여진족은 이미 후금을 세우고 명나라를 위협할 만큼 강력한 세력으로 성장했는데 말이야.

이어지는 병자호란 역시 바깥세상이 어떻게 돌아가는지를 모르고 오로지 명나라만 떠받들며 청나라를 무시하다 크게 얻어맞은 전쟁이라 볼 수 있어.

역사는 현재를 비추는 거울이라고도 해. 그럼 오늘날은 어떨 것 같아? 우리는 세계에서 손꼽히는 경제, 군사 강국이야. 그럼에도 주변국 또는 한반도와 이해관계가 깊은 나라가 전부 세계 1, 2, 3위를 다투는 강대국들이라서 매번 휘둘

릴 상황에 처하곤 하지. 초강대국인 미국과 중국의 군사적, 경제적 이해관계가 첨예하게 대립하는 상황에 현명한 대처가 요구된다고나 할까?

그럼 현명한 대처는 과연 어떤 걸까? 모르겠으면 뭘 하라고? 그래, 역사를 돌아보면 돼. 광해군처럼 두 나라 사이에서 균형 외교를 택하면 좋을까, 아니면 인조처럼 의리를 외치며 한쪽에 몰빵(?)하는 게 좋을까, 아니면 또 다른 방법이 있을까? 조선에 불행을 몰고 왔던 임진왜란과 병자호란에 대해 생각을 정리해 보면서, 우리 상황에 대해 한 번쯤 고민해 보는 것도 좋을 것 같네.

역사에서 교훈을 얻지 못하면 불행한 역사는 반복된다고 해. 그 교훈은 가상이가 한 질문과 내가 한 답에서 얻을 수 있지 않을까? 이것으로 설상가상, 임진왜란과 병자호란에 대한 답을 마칠게.

그럼, 안녕!

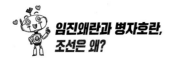

**임진왜란과 병자호란,
조선은 왜?**

첫판 1쇄 펴낸날 2020년 11월 2일
3쇄 펴낸날 2021년 10월 29일

지은이 이광희·손주현 **그린이** 박정제
발행인 김혜경 **편집인** 김수진
주니어 본부장 박창희
편집 길유진 진원지 강정윤
디자인 전윤정 정진희
마케팅 이상민 강이서
경영지원국 안정숙
회계 임옥희 양여진 김주연

펴낸곳 (주)도서출판 푸른숲
출판등록 2003년 12월 17일 제2003-000032호
주소 경기도 파주시 심학산로 10, 우편번호 10881
전화 031) 955-9010 **팩스** 031) 955-9009
홈페이지 www.prunsoop.co.kr **이메일** psoopjr@prunsoop.co.kr

ⓒ 이광희·손주현·박정제, 2020
ISBN 979-11-5675-278-3 44910
        979-11-5675-237-0 (세트)